「千年品質」の家は新・伝統工法で建てる

宮大工の技と最新技術で災害に強い家づくり

吉村孝文／吉村直巳 著

ダイヤモンド社

目次

プロローグ　快適で災害に強く、命を守る家をつくりたい……11

北の大地で巡り合った、希少な伝統工法の家……12
私費を投じても木の城たいせつを救済……17
「神様の家」をつくった喜び……22
全国の災害被災神社に社殿を寄贈する決意……25
頻発する自然災害に負けない！　新・伝統工法……29
大地震でも無傷だった木の城たいせつの家……33
伝統の技と先進の技術を「ＩＮＯＣＨＩ」に結実させる……36

第1章 災害に強い安心の家づくりを、日本の伝統工法と最新技術で実現 …… 41
1-1 住宅の建築方法の種類と特徴 …… 42
1-2 匠の技を現代に蘇らせた千年品質の家 …… 45
1-3 金物工法は、本当に安全なのか …… 52
1-4 伝統工法が持つしなやかな復元力 …… 62
1-5 新・伝統工法の真髄、木組み+パネル工法 …… 66
1-6 実大試験で、伝統工法の強さが明らかに …… 70

第2章 あなたの家を宮大工の技で建てる

第2章 あなたの家を宮大工の技で建てる……75
2-1 伝統工法の家を、多くの人に届けたい……76
2-2 建物に千年の命を吹き込む、宮大工の技……84
2-3 ヒノキより強い、北海道産カラマツ……88
2-4 伝統工法を楽しむ、「和」と「モダン」デザインの家……93
2-5 心と身体に安らぎを与える、木の家……108
第3章 いつまでも快適・健康なわが家で暮らす……111

3-1 なぜ日本の住宅は寒いのか……112
3-2 健康で快適な家づくりに欠かせない高気密・高断熱……116
3-3 省エネルギー・高耐久性を生む、「パーフェクトW断熱」……120
3-4 「パーフェクトW断熱」が住む人の健康を守る……125
3-5 エネルギーを使わずに暮らすトップランナー「INOCHI」……128
3-6 夏を涼しく、冬を暖かくする高性能断熱サッシ……131
3-7 24時間換気で、室内の空気を清浄に……135

第4章 災害大国、日本で命をつなぐ家……139

4-1 太陽光パネルと蓄電池で、停電でも電気が使える……140

4-2 空気から水をつくり、災害時の命をつなぐ……143
4-3 津波や洪水から家族をしっかり守りたい……145

第5章 財産をつくる家

……149
5-1 何より大切なライフサイクルコストの視点……150
5-2 ライフサイクルコストが下がるこれだけの理由……153
5-3 30年で家を建て替えるなんてもったいない……156
5-4 人も住まいも健康管理が欠かせない……159
5-5 住宅会社は住まいの医者であるべきだ……163

エピローグ

命を守る家づくりで暮らし広がるまちへ …… 167

日本人の暮らしの原風景を再生するまちづくりにチャレンジ …… 168
神社・仏閣を再建し、地域社会の絆を取り戻したい！ …… 170
神社・仏閣を防災拠点に …… 173
目指すのは、未来の豊かな社会を実現する家づくり …… 174

プロローグ

快適で災害に強く、命を守る家をつくりたい

北の大地で巡り合った、希少な伝統工法の家

日本の宮大工は、日本の風土で育まれた木に学び、その命を生かしきる匠の技を伝えてきました。そこには千年を超える耐久性を持たせる技法があります。そして、先人たちが積み重ねてきた伝統工法を見事に使いながら、最新のオリジナル技術を組み合わせ、北海道の地で100年を超える耐久性を持つ住宅を建て続けてきたのが、1950年に設立された住宅会社「木の城たいせつ」です。

日本では、住宅をつくってから壊されるまでの期間が平均30年。いろいろな理由で日本の家が資産として次の世代へ受け継ぐことができません。それは、先進国であるにもかかわらず、日本人が豊かさを実感できない大きな理由の一つと指摘されています。

私は1983年、大阪で「創建」という住宅会社を立ち上げ、顧客第一主義を掲げて、低コストで高品質、アフターケアを充実させた住宅を提供し続けています。家は一生に一度の、しかも高価な買い物です。住む人の理想の家であり続けるために、私たちは、「生涯メンテナンス」をうたい万全なケアを心掛けています。

本来、木造建築は定期的にメンテナンスを行い、老朽化した箇所を修理・交換すれば、長い年月にわたって住み続けることができます。しかし、元々施工不良があったり、メンテナンスをせずに放置した結果、構造躯体にまで劣化が進んでしまうと、リフォームをしたくてもできなかったり、建て替えと同じくらいのコストがリフォームにかかってしまうことがあります。

日本で木造住宅が普及したのは、豊富な森林資源に恵まれていたこと、雨が多く湿度の高い日本の気候・風土に適していたからです。世界最古の木造建築とされる法隆寺五重塔は、大きな地震に何度も遭遇しながら倒壊したことがありません。伝統的な木組み架構で建てられ、数百年ごとに修理を繰り返したことが、建物を守ってきたのです。

現在、宮大工が伝統工法で建てる住宅は、本当に少なくなりました。木の城たいせつは、設立以来1万9千棟もの伝統工法の家を建て、100年長持ちの耐久性をうたい、道内でもっとも信頼性の高い住宅ブランドとして人気を誇っていました。

また、高耐久性ばかりでなく、快適・健康性、地域資源の活用など、時代を先取りしたその家づくり哲学は多くのオピニオンリーダーからも賞賛され、

２００６年には時の総理大臣、小泉純一郎氏が木の城たいせつを訪れ、「日本が世界に誇れる企業だ」とコメントしました。大手シンクタンク富士総合研究所（現・みずほ総合研究所）が行った「住宅満足調査」でランキング第1位に輝き、そのことがＮＨＫで全国放送されるなど、まさに伝説の住宅会社でした。

しかし、２００８年に突然、木の城たいせつは営業を停止し、破産手続きが開始されました。住宅業界の不況に加え、当時、３階建てが標準であった木の城たいせつは、姉歯問題に端を発する建築基準法改正に伴い、建築確認申請の審査、手続きが大幅に遅れたことも大きく影響したと言われています。

私が知り合いの方から「北海道にある素晴らしい会社をぜひ救済してほしい」との話をいただいたのは、ちょうどその頃です。その素晴らしい会社こそ、ほかでもない木の城たいせつだったのです。

木の城たいせつ栗山生産工場で伝統工法を継承するために使われている墨壺

私費を投じても木の城たいせつを救済

「これは素晴らしい……」。北海道夕張郡で、木の城たいせつの家を見た時、柱や梁の木組みの持つ強さと美しさに圧倒されました。すべての部材を道産材でまかない、伝統工法にのっとった、まさに木の構造美が際立つ家でした。

日本の伝統工法の大きな特徴は、地震や強風によって構造躯体に大きな力が加わった時のしなやかな強さだと言われます。木組みの接合部が地震のエネルギーを分担して受け止め、軸組み全体で大きな復元力を保ちます。一方、一般的な木造の軸組工法では、木の接合部を金物で補強するため、地震の力が金物に集中すると金物が梁を破壊してしまい、一気に家が倒壊する恐れがあります。伝統工法の家は大きな揺れにも軸組みが変形しながら耐えるため、容易には壊れません。たとえ倒壊しても、ゆっくりと傾いていくので十分に逃げる時間を確保できます。

金物を使わずに木組みだけで構造体をつくる宮大工の技には、高度な熟練が必要です。木の城たいせつでは、これを近代的な加工技術を用いて自動ラインに置き換える高効率な生産システムを構築し、一般的な住宅づくりに生かしてきました。宮大工の工法を使えば、強靭な建物をつくることができることはよく知られています。宮大工の技を機械化することで、伝統工法のコストを下げ、工期も短縮できる何とも素晴らしい仕組みです。

木の城たいせつの創業者山口昭氏は、若くして宮大工に弟子入りし、日本の伝統工法を習得後、注文住宅を請け負っていました。木工の機械を導入し、独特な形状の刃を次々と開発して宮大工の技を再現、そして、木の城たいせつオリジナルの仕口《しぐち》まで開発しました。それゆえ、このまま木の城たいせつを破産させては、宮大工が育んできた木組みの技を機械で再現するというオンリーワンの技術が消えてしまいます。

私たちの力でその技術を受け継いでいくことができないものか……。当時はリーマンショックの直後で、不動産業界も景況が低迷しており、金融機関から木の城たいせつの救済を反対されました。

それでも、全国の多くの人に木の城たいせつの工法の良さを何としても伝えたいという私の思いは捨てがたく、個人の資産を投げうっても木の城たいせつの再建を目指す決意を固めました。経営破綻から1年後の2009年3月、住宅販売会社と住宅建設会社を設立し、2社体制での再出発となりました。夕張郡の工場も再稼働し、旧木の城たいせつの技術者とともに力を合わせて技術の向上にも努めました。

しかし、いざ自分たちで木の城たいせつの家を売ろうとしたところ、無骨なイメージが強く、周囲からは、「どの家も見事なまでに同じ長方形の形をしている、本当にこんな家が売れるのか」とまで言われました。

木の城たいせつの技術者からは、「この形は雪の重みに強く、外壁も汚れが目立たない色が選ばれている、つまり北海道に住むことを合理的に考えた結果だ」という答えが返ってきました。それまで私たちは今の時代に合ったデザインへの変更に気を取られていました。「そうではない。木の城たいせつを再生していく上で何より先に伝えていくべきは、木の城たいせつの企業哲学なんだ」という思いを強くしたのです。

２０１１年に、株式会社創建が保有するダブル断熱を採用し、家のデザインを刷新した「Ｅｃｏ未来１００」、一次取得者向け住宅の「ＳｏｌｏＨａｕｓ」など新しい商品の住宅販売を開始しました。２０１３年には、道産材１００％、ダブル断熱を組み合わせた「ゼロの家」の販売を開始するなど、積極的な商品開発を進めてきました。

その頃は、木の城たいせつを多くの人に知ってもらおうと、会う人ごとに、伝統工法の素晴らしさを一生懸命説いて回っていました。すると、２０１５年、これまで数十年も伝統工法にこだわってきた木の城たいせつさえできなかった、神社を設計・施工する機会を得ることができたのです。

「神様の家」をつくった喜び

北海道札幌市南区にある石山神社は、創建１３０周年の記念事業として社殿の建て替えを計画、事業予算は４千万円でした。本来この金額は補修工事（規模による）等の費用であり、建て替え費用としては大変厳しいものでした。神社建築に実績のある６社ほどに声がかけられました。見積もりの拒否をする会社や別途工事を要する会社が多数あり、８千万円近くの見積もりを出したところもあったそうです。建て替え工事を諦めかけたころ私たちにご相談をいただき、打合せを重ね、４千万円のご要望にお応えすることができたのです。

木の城たいせつの工場の中には、伝統的な宮大工の技術を使って完成させた三重塔があります。このように伝統工法の技は住宅だけでなく仏塔にも発揮されていたので、工場の中で用材をプレカットできれば、宮大工が建てたものと変わらない社殿が建てられると確信していました。そこで、伊勢神宮の古材を工場に運び込んで再加工し、建て替え工事に着手しました。

一方、計画の段階で、氏子さんたちから「こんなに少ない予算で本当にちゃんとした社殿が再建できるのか」と不安の声が上がりました。２０１５年２月の節分祭後に着工し、だんだんと木組みが立ち上がると、町の人たちが毎日見学に来るようになりました。

そして、同年９月、例大祭を真新しい社殿で開くことができ、宮司さんをはじめ不安を口にしていた氏子の皆さんからも、大変な感謝の言葉をいただくことができました。また、親しいご年配の方からは「神様の住む家をつくったのですね」と言われ、あらためて素晴らしいことを成し遂げたんだという大きな実感が湧きました。その後、石山神社ではそれまで数百人程度だった初詣の参拝者が5千人に増え、年を追うごとに増え続けているそうです。

施工中の石山神社

宮司さん、関係者の皆さんといっしょに

全国の災害被災神社に社殿を寄贈する決意

石山神社の再建がきっかけとなり、新たな出会いが増えました。伊勢神宮や熱田神宮の神職からもお声がかかり、ご紹介いただいたのが出雲大社の宮司を務めておられる千家尊祐さんでした。お会いしてお話をお聞きすると、小さな神社の多くが、お金が集まらず社殿の建て替えができなくて本当に困っているということでした。

そこで、石山神社再建で得られた経験を生かし、災害で被災し、氏子さんも被災しているため再建がままならない全国の神社のお手伝いをさせていただき、毎年1棟ずつ無償で社殿を建てて寄贈する、災害被災神社再建プロジェクトを始めようと決めたのです。千家宮司にも計画の趣旨をお伝えし、寄贈先の神社について相談させていただきました。

2016年の熊本地震で震度7を記録した阿蘇郡西原村では、15世紀半ばの創建と伝えられる白山姫神社が全壊し、付近の住宅にも大きな被害があり再建費用の工面が困難でした。そこでプロジェクト第1弾として私たちが部材を無償で提供して建て替えを進め、2018年に社殿を寄贈しました。2年ぶりに再建された社殿は、地域復興のシンボルとして地域住民から親しまれています。

続く2019年には、東日本大震災で被災した福島県浪江町両竹地区の諏訪神社の社殿を寄贈しました。諏訪神社の旧社殿は震度7の強い揺れで倒壊しました。両竹地区は最大15・5メートルの津波に襲われ、約50人の地域住民の方々が高台にあった諏訪神社の境内に避難し、壊れた社殿の木で火を起こして海水でずぶ濡れになった体を暖めて命をつないだと聞きます。お引き渡しの日、「神社が再建されてようやく大きな心の荷物を下ろすことができた」と神社関係者の方々がおっしゃっていたのがとても印象的でした。

神社では人生の節目のご祈願やお祭りが開かれ、地域社会の重要な役割を担っています。地域に住む方々の心の拠り所である神社を再建することは、地域社会に暮らす人たちの絆を強め、地域文化の維持、振興に貢献できる活動です。

嬉しいことに、こうした私たちの地道な取り組みが評価され、「第5回ジャパン・レジリエンス・アワード（強靭化大賞）２０１９」において「災害被害神社の建て替え、寄贈による地域振興プロジェクト」として、準グランプリ「初代国土強靭化大臣賞」を受賞しました。これからも災害で住民が苦しんでおられる地域を中心に、被災した神社や仏閣を再建するプロジェクトを続けていきたいと考えています。

熊本地震で倒壊した白山姫神社の本殿

白山姫神社の竣工式に駆けつけた出雲大社の千家尊祐宮司
（前列左から4人目）と吉村孝文（同・2人目）、吉村直巳（左端）

頻発する自然災害に負けない！　新・伝統工法

古来より日本の建築文化を育んできた伝統工法は地震に弱いのでしょうか。伝統工法の建物にはあまり知られていない弱点があります。

伝統工法の大きな特徴は、木の城たいせつで採用された木組みの他に、石場《いしば》建てと土壁があり、外観上の大きな魅力にもなっています。しかし建築技術が発達した現代において、この２つは、建物の耐震性・耐久性に大きく寄与するとはいいがたい工法です。

石場建てとは、平たい自然石の上に柱を立てる工法のことです。床下の通気を良くして部材の耐久性を高める効果があり、地震による揺れを受けると柱が石の上を滑り揺れを逃す免震的な役割を担っています。しかし近年の地震の被害調査では、建物の損傷が少ないケースがある一方で、建物が大きく横に動いて、柱が石からすべり落ち、倒壊する例が少なくありません。こうした被害は古い神社仏閣に多いそうです。

木の城たいせつは、人が生活する住宅建設の観点から、倒壊の恐れがある石場建ての代わりに、独自の形状の鉄筋コンクリートボックス基礎をつくり、これを建物の土台と緊結することによって大きな地震による水平力に抵抗しています。建物の基礎に「すべり」機能を持たせなくても、木組みによる免震効果が十分発揮できるからです。ちなみに、現在の木の城たいせつの家は、ボックス基礎ではなく、十分に強度を高めた鉄筋コンクリートによるベタ基礎が採用されています。

伝統工法のもう一つの特徴である土壁は、地震の揺れに粘り強く抵抗し、揺れが強くなると崩れることによって地震のエネルギーを吸収すると言われています。実際に、地震で土壁の一部が崩れた古民家を見かけることがありますが、耐力壁としての強度はそれほど高くない上に、地震の度に土壁をつくり直すのは大変な手間とコストがかかります。

木の城たいせつでは、9ミリ合板によるパネルが、土壁の替わりの役目を担っています。伝統工法による木組みの外側にツーバイフォー工法同様の構造用パネルを貼り付けて一体化し、地震などによる力を建物全体で受け止めるモノコック構造となって耐震性を向上させています。

万が一、強い揺れで外側の構造用パネルの強度が失われても、伝統工法の木組みが揺れを吸収して建物を大きな被害から守る二重の耐震構造となっているのです。木組みによる伝統工法単独、あるいはパネル工法単独よりもはるかに高い強度を生み出しています。

木組みという伝統工法の良さをしっかりと受け継ぎながらも、石場建てや土壁といった伝統工法の弱点をオリジナル技術でカバーしてきたのが木の城たいせつなのです。木の城たいせつの強さは、伝統を大切にしながら、新しいものでも良いものは取り入れる、合理的な精神の賜と言えるでしょう。

大地震でも無傷だった木の城たいせつの家

２０１８年9月6日深夜、北海道胆振地方中東部を震源とするマグニチュード6・7の大きな地震が発生し、厚真町では北海道で初めてとなる震度7の強い揺れを記録しました。家屋の倒壊や土砂崩れが起こり、大きな被害の爪痕を残しました。

地震から一夜明けたその日の朝から、木の城たいせつの本社や営業所には、住宅の被害調査を希望されるお客様からのご連絡が殺到し、リフォーム部が中心となって調査に赴きました。震度6を記録したむかわ町では、築20年以上の木の城たいせつの家が無傷で、窓枠に1センチのズレもありませんでした。

唯一地震の揺れと同じ方向に設置されていたペチカが倒壊したお宅がありましたが、それ以外に被害はまったく報告されませんでした。その3年ほど前に厚真町で木の城たいせつの家を建てたお客様は、同じ時期に家を新築された友人の家に大きな被害があったことを知り、「木の城たいせつで家を建てて間違いがなかった」とおっしゃっていただきました。家づくりを仕事とする私たちにとって、これほど嬉しいことはありませんでした。

北海道では、1993年の南西沖地震以来、震度5強から6弱クラスの大きな地震が10回以上も起きています。大きな地震に遭いながら、1万9千棟ある木の城たいせつの住宅には一軒も被害がありません。まさに木の城たいせつの強さが証明された結果となりました。

北海道胆振東部地震では、建物の倒壊など大きな被害が出た

伝統の技と先進の技術を「INOCHI」に結実させる

北海道胆振東部地震では、地震そのものの被害ばかりでなく、その後に起きた北海道のほぼ全域にわたる停電によって大きな混乱をもたらしました。発送電システムがすべてダウンするブラックアウトは日本で初めての出来事でした。今回の地震は、発生時期が9月初旬とまだ夏の暑さが残る季節でしたが、仮に気温が零下となる真冬に起きて、今回のように2日間近くブラックアウトが続いたら、凍死で亡くなる方が出ていた可能性が指摘されています。

木の城たいせつの家では、親会社である創建が保有する「パーフェクトW《ダブル》断熱工法」を備えています。これは高性能な断熱材で建物の基礎から屋根までをすっぽりと包み込む「外断熱工法」に、構造用パネルの内側にも断熱材を充填する「内断熱工法」を組み合わせて、気密性と断熱性を高めた断熱工法です。

北海道で、外気温が氷点下7度まで下がった3日間に、暖房を完全に止めて行った実験では、3日後の室内の気温が14〜16度に保たれていました。真冬にブラックアウトが起きて電気の供給が止まっても、健康的な生活を過ごすのに支障のない温度が維持されることがわかりました。

木の城たいせつでは、宮大工の技を生かした木組みとパネル工法、コンクリート基礎による新・伝統工法の家に、「パーフェクトW断熱」を組み合わせ、さらに、停電時や断水時にも普段通りの生活を続けられる、エネルギー・水・レジリエンスシステムや津波シェルターを装備した千年品質の家「INOCHI」を発表しました。そしてついに2020年に初めて、北海道以外でも木の城の家が発売されることになりました。

千年品質とは、千年以上にわたって育まれてきた伝統工法が生きていること、現在の私たちの行動が千年後の未来につながっていくことを意味しています。「ＩＮＯＣＨＩ」は、人の命を守り、自然環境を守るためにできることを、現時点で考え得る最高水準の技術で実現しています。人々の命を守る家を全国に普及していきたい、そんな思いが結実したのが「ＩＮＯＣＨＩ」なのです。

災害被災神社再建プロジェクトにおける工事風景

石山神社（札幌市南区）

石山神社

災害被災神社再建プロジェクトにおける工事風景

発寒神社（札幌市西区）

白山姫神社（熊本県阿蘇郡）

第1章

災害に強い安心の家づくりを、日本の伝統工法と最新技術で実現

1◆1　住宅の建築方法の種類と特徴

日本の伝統工法の良さをご紹介する前に、家の建て方に関する基礎知識を説明しておきましょう。日本の住宅には、大きく分けて、①木造住宅、②鉄骨組工法（S造）、③鉄筋コンクリート構造（RC造）の3種類の建て方があります。さらに、①木造住宅は、木造軸組工法と木造枠組壁式工法（ツーバイフォー工法）の2種類に大別できます。

木造軸組工法には、日本古来の伝統工法とその施工方法を簡略化した在来工法があります。柱や梁などで軸組みを支える構造は同じですが、伝統工法は仕口や継手《つぎて》など木を加工して木組みだけを用いて軸組みを構成します。それに対して、在来工法は接合部に金物を使って補強するのが大きな違いです。木造軸組工法は、間取りの自由度があり、増改築にも対応しやすいなどのメリットがあります。

木造枠組壁式工法（ツーバイフォー工法）は、アメリカから伝わった工法で、フレームに合板を打ち付けてパネルをつくり、これを壁や床として建物を組み上げる構造です。間取りや窓の配置に制約がありますが、施工が比較的簡単で工期が短いなどのメリットがあります。主に使われる角材のサイズが2インチ×4インチであることから、ツーバイフォーと呼ばれています。

②鉄骨組工法は、木造軸組工法の軸組みに使われる用材を木から鉄骨に置き換えた工法で、基本的なつくり方は同じです。鉄骨は木より強度が高いため広い空間をつくりやすいのが特徴です。一方、サビが出やすく、熱や音が伝わりやすいなどの性質があります。

③鉄筋コンクリート構造は、型枠の中に鉄筋を網目状に配し、そこにコンクリートを流し込んで柱や梁を一体化させる工法です。コンクリートは圧縮する力には強いのですが、引張力に弱く、曲げるとすぐに壊れてしまいます。

一方、鉄筋は引張力には強いのですが、細いため圧縮するとすぐ折れてしまいます。鉄筋コンクリートは両者の弱点を補い合うことで非常に強い強度を実現しています。ただし、外壁面を断熱材で被って保護しないとコンクリートの劣化が進行する恐れがあり、一般的に他の工法と比較して、コストがかかり工期が長くなります。

1◆2 匠の技を現代に蘇らせた千年品質の家

北海道にある木の城たいせつ栗山生産工場の入り口に、会社の原点ともいうべき三重塔が建っています。木の城たいせつの技術者たちが宮大工の技術を用いて斗《ます》や肘木《ひじき》を加工し組み上げたものです。

創業者山口昭氏がこだわり続けた、木の特性を生かして家を建てる技と知恵は、今も木の城たいせつの技術者たちに大切に受け継がれています。

木の城たいせつでは、人工乾燥システムや、複雑なホゾ切り加工システムを導入して生産の合理化を図っていますが、木の城たいせつの品質を支えているのは、最新の技術でも効率化することができない技術者たちの手の技です。

心《しん》持ち材（木の中心を含んだ材木）をそのまま柱などに用いる際に、木の中心に向かって縦に切れ目を入れる「背割《せわり》」を行っています。あらかじめ切れ目を入れることで、木の伸縮が解消されて乾燥による不規則な割れが起こることを防ぐ技術で、古くから宮大工が行ってきたものです。背割は、建物の目に見えないところに施しています。

現在、ほとんどの大工さんは、製材所で加工された建材を使って家を建てていますが、木の城たいせつは、一貫して北海道産材にこだわり、自社工場で製材までを行っています。木材の生い立ちを知りその性質を生かして木組みを行うことで、丈夫で長持ちする家が建てられるからです。

日本の伝統工法は、6世紀から8世紀にかけて中国から進んだ社寺建築の技術が輸入されたことをきっかけに、日本の風土と日本に合った木を生かして独自の発展を遂げてきました。古代の宮大工たちが育んだ木を生かしきる技は、千年を超える耐久性を実現しています。

木の城たいせつでは、この伝統工法による木組みにパネル工法、コンクリート基礎を組み合わせた新・伝統工法による家を「千年品質の家」と呼び、先人たちが千年をかけて積み上げてきた知恵と現代の技術のすべてを注ぎ込んで家づくりに臨んでいます。

千年品質伝統工法の家
6つの約束

木組みによる伝統工法の家

世界最古の木造建築「法隆寺」に代表される、千三百年以上にわたり維持され受け継がれている木組み伝統工法で建てた家。

超高耐久で高い資産価値が続く家

伝統工法と、ダブル断熱、家ドックなどの仕組みを合わせて、超高耐久でかつ高い資産価値を維持させていく家。

災害大国日本のあるべき家

千年単位で巨大災害が数多く発生している日本において、地震で停電、断水になってもライフラインが維持され、津波などが来ても命を守る家。

生涯にわたり経済的に持続可能な家

お住まいになってからも光熱費や飲料水など生活コストを最小限にし、経済的に持続可能な家。

あらゆるリスクに対応し命を守る家

災害から命を守るばかりでなく、室内空気品質にも配慮して各部屋の温度差を小さくし、日本で年間1万4千人以上が亡くなっているヒートショックや熱中症などの心配を軽減する、今後も長く標準になっていくと考えられる家。

宮大工伝統の技を後世まで継承

宮大工の技を機械に置き換え、量産に成功した木の城たいせつオリジナルのプレカット「木組み工法」によって、今後宮大工が減少しても木組み伝統工法を後世まで継承できる。

栗山生産工場の三重塔。木の城たいせつの技術者たちが宮大工の技術を用いて組み上げた

1◆3 金物工法は、本当に安全なのか

東日本大震災をきっかけとして、日本は千年ぶりに地震の活動期に突入したと言われています。東日本大震災以降の10年足らずで、震度6以上の地震が26回、震度7の地震が4回も発生しています。

日本の建築基準法は数年ごとに改正され、特に、大きな地震が起こるたびに厳しい耐震基準が定められてきました。現在の耐震基準は、阪神・淡路大震災をきっかけに2000年に改定されたもので、耐力壁（構造上の強度を持った壁）をバランス良く配置すること、接合部に金具を取り付けることなどが定められました。

大鯰が地下で動くことで地震が発生するという民間信仰から、1855年の安政の大地震後に鯰を題材にした浮世絵が大量に出版された

東京大学地震研究所所蔵

耐震基準が想定しているのは、戦後の建築基準法を契機として主流となった在来工法です。在来工法は、柱や梁を金物で固定し、さらに柱と柱の間に筋交いや耐力壁を設けて、建物の軸組みをがっちりと固めることで強度を高める工法です。

一方、柳に風のように地震の力を受け流す能力を重視するのが、日本に古くから伝わる伝統工法です。柱や梁を組み合わせて骨組みをつくり、木材にホゾやホゾ穴などの加工をしてつなぎ合わせます。接合部は金物などで固定せず、少し遊びを持たせてゆったりと組み上げられ、地震などの強い力を受けると建物全体がしなやかに変形することでエネルギーを吸収するのです。

金物工法という言葉を聞いたことがあるでしょうか。従来の在来工法では、仕口や継手といった木を加工した接合部の外側から金物を留めて補強していますが、これとは異なり、木材加工の仕口や継手加工をそっくり特殊な金物で置き換えて接合する新しい工法です。

在来工法の接合部は、木を凸凹に削ってつくるため、そこだけ木の断面積が小さくなり強度が落ちます。一方、金物工法は、木の削り取りが少なくて済み、高い強度が得られるため、柱や壁を減らして広々とした空間がつくれるとして普及が進んでいるのです。

また、金物の取り付けがプレカット工場で行われるため、現場では、金物同士を組み合わせてから、ドリフトピンと呼ばれる金属製の大きなピンをハンマーで打つだけというスピーディな施工が可能です。しかし本当に金物工法に死角はないのでしょうか。

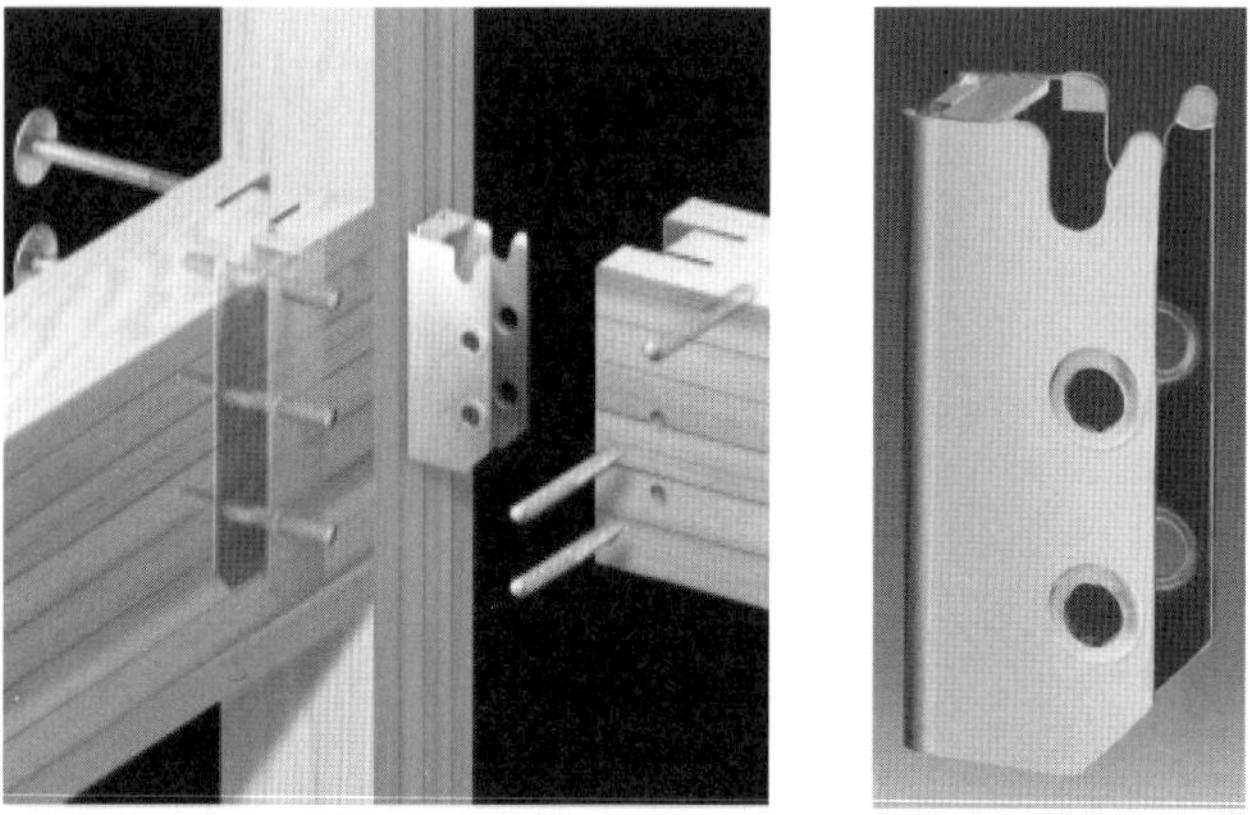

公益財団法人日本住宅・木材技術センターが認定した
ハウテック金物

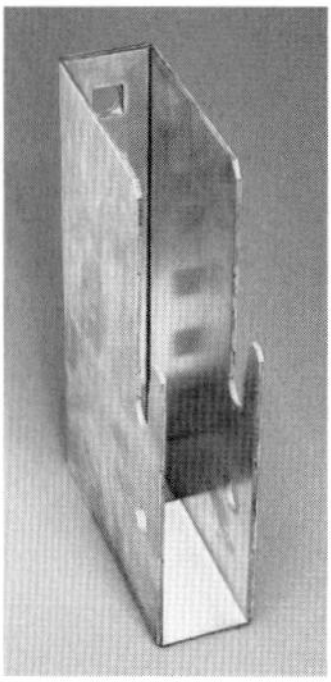

ハウテック金物
（アゴ付き）

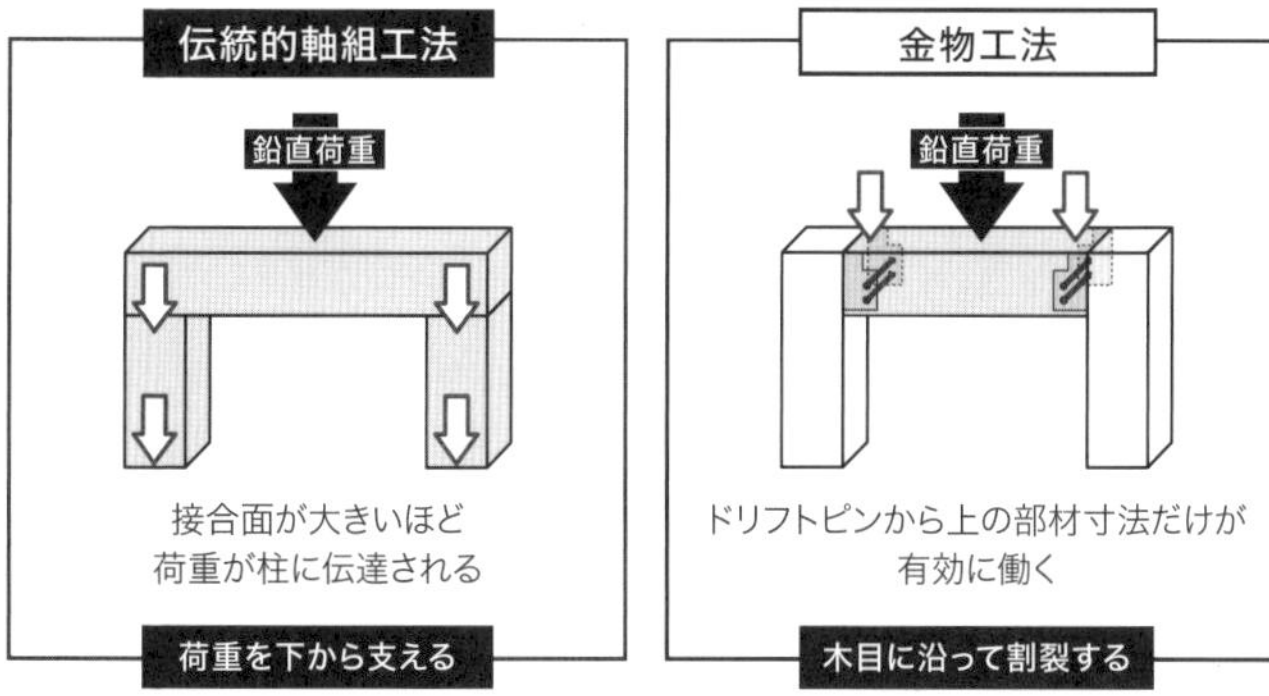

伝統工法と金物工法の違い（イメージ）

ハウテック金物（アゴ付き）の強度試験。
ドリフトピン部で木目に沿って割裂。アゴ部分が抵抗している

金物の仕様決めや金物商品の認定試験を担っている、公益財団法人日本住宅・木材技術センターが行った強度実験で、実物大の柱や梁を組み、機械で鉛直荷重をかけたところ、荷重を受けた鋼鉄製の金物やドリフトピンはほとんど変形しませんでした。しかし、木の梁がドリフトピンのところから木目に沿って大きく割れました。ドリフトピンが木を破壊したのです。

この実験では、かろうじて金物のアゴと呼ばれる木を支えている部分が大きくめり込んで梁を支えていますが、近年、施工性の良さからアゴのない金物が主流となっているそうです。アゴ付きの金物は木が乾燥により収縮すると他の部材との間に段差や隙間ができやすいからと言われています。

近年は、床下の梁に床下地の板を取り付ける際、「根太《ねだ》」と呼ばれる角材を置かずに、高剛性の厚い床下地を直接留める根太レス工法が主流ですが、アゴ付きの金物を使うと段差ができて、床下のがたつきの原因となるので、アゴ付き金物は敬遠されているのだそうです。

一方、アゴのない金物でも、梁せい（梁の高さ）がある大断面の梁を用い、大きな金物を使って梁の上から下までを均等にドリフトピンを打てば、十分な強度が保たれることが実験からわかっています。近年は、金物の高性能化が進んだことで、施工性の良い小型の金物を使われることが多くなっています。

金物工法は、梁が金物を介して柱に引っかかっている構造です。万が一大きな荷重がかかって接合部が破壊されてしまうと、支えがなくなりそのまま下にすとんと落ちてしまいます。一方、伝統工法は、梁がホゾを介して柱の上に乗っており、梁の荷重を柱が下から支えているため大きな破壊が起きない限り、梁が落ちる恐れはありません。

最近、伝統工法で組んだ仕口と金物工法の接合部に同時に垂直荷重をかけた実験が道立林産試験場で行われました。木組みによる仕口は、大きな荷重によって梁が大きくめり込んで変形しましたが、梁自体には大きな破壊は起きませんでした。木組みの強度も十分に保たれました。一方、金物工法の接合部はドリフトピンのところから大きく割れてしまいました。伝統工法の仕口に起きた「変形」と「めり込み」が摩擦熱のエネルギーに吸収されたのです。この実験で計測された限界破壊強度は、金物工法では、63・8kNに対して、伝統工法では92・3kNと1・5倍もの強度があることが実証されました。

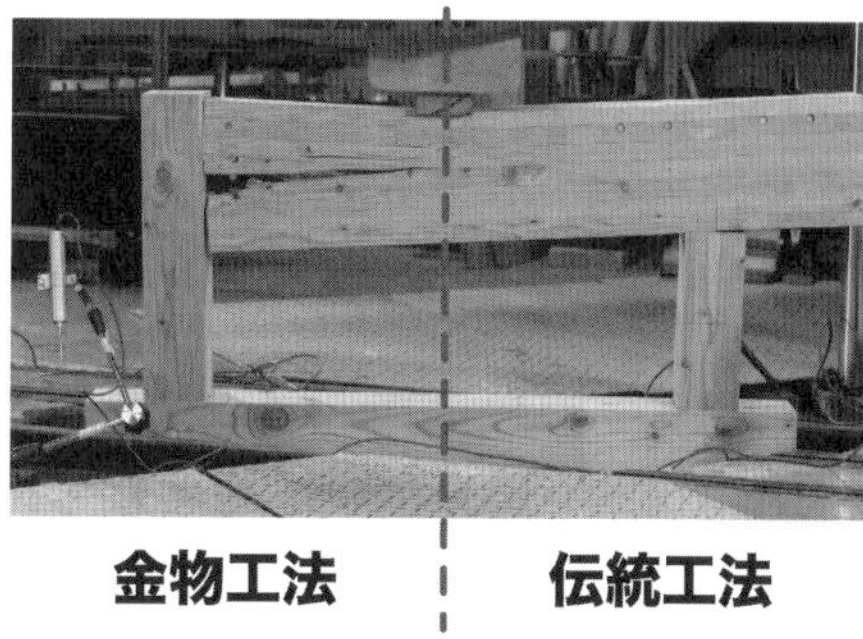

垂直荷重をかけた際の２つの工法の比較
木組みによる仕口は、梁が大きくめり込んで変形しているが、梁自体には大きな破壊は起きていない。金物工法では、ドリフトピン部で木目に沿って割裂している

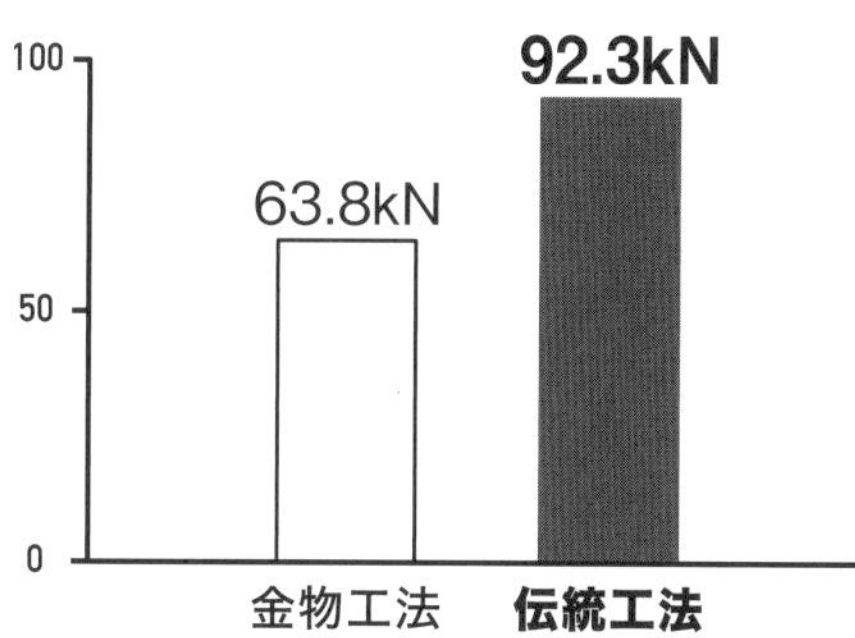

破壊限界強度
出典：独立行政法人 北海道立総合研究機構農林研究本部林産試験場

1◆4　伝統工法が持つしなやかな復元力

1995年の阪神・淡路大震災では、数多くの木造住宅が倒壊して尊い命が失われました。一般的な在来工法による古い建物に被害が集中し、建物全体が崩れるような壊れ方が特徴でした。バランスの悪い構造計画、経年劣化による金物のゆるみや抜け、雨水の浸入による木材の腐朽などが被害を大きくした原因だと指摘されています。

在来工法は、柱や梁を金物で軸組みをがっちりと固めて家の強度を高める工法です。新築当初は耐久性が高いのですが、時間とともに木が縮んで金物にゆるみや抜けが起きると、ある時点から耐久性が一気に落ちる恐れがあります。

また、比較的新しい住宅にも、1階だけがつぶれ2階がそのまま落ちるような倒壊が見られました。耐力壁の配置バランスが悪くねじれ現象が起きたこと、柱が土台から抜けてしまったことが原因だと言われています。

京都大学防災研究所が、建物の耐力と横揺れの大きさの関係を在来工法と伝統工法で比較した試験によれば、建物の骨格を固める在来工法は、中小規模の地震ではガタガタと小さく揺れて変形を抑えていますが、横揺れが大きくなり建物が大きく傾いてしまうと、接合部が破壊され、一気に耐力が失われてしまいます。こうなってしまうと倒壊を免れません。

木組みの柔軟性を生かした伝統工法は、小さな地震でもゆっくりと大きく揺れますが、地震が強くなって建物が大きく傾いても、木組みが粘り強く建物を支えて耐力を維持しています。つまり、伝統工法は金物で接合部を固定しないことによって、木が本来持っているしなやかな復元力を生かせるのです。

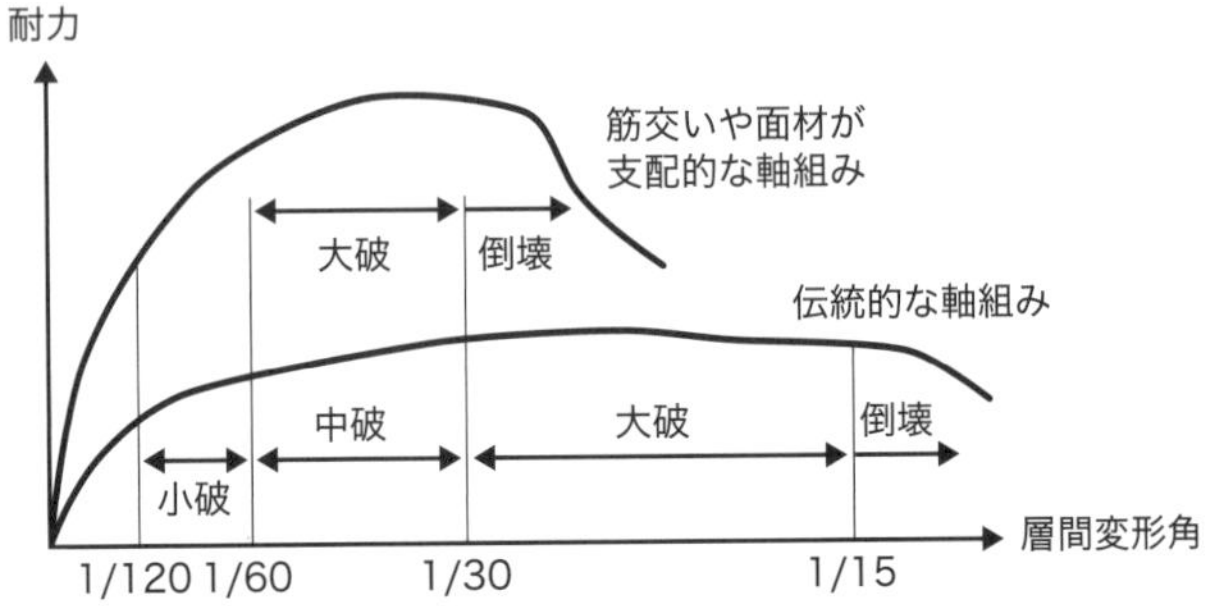

木造軸組工法建物の耐震設計クライテリア
～伝統工法と在来工法との比較～
層間変形角:上の階の横揺れ(水平移動)を階高で割った値。層間変形角1/30は階高3mで上階が10cm横移動、1/15は上階が20cm横移動する揺れを表す
※京都大学防災研究所作成

阪神・淡路大震災の状況

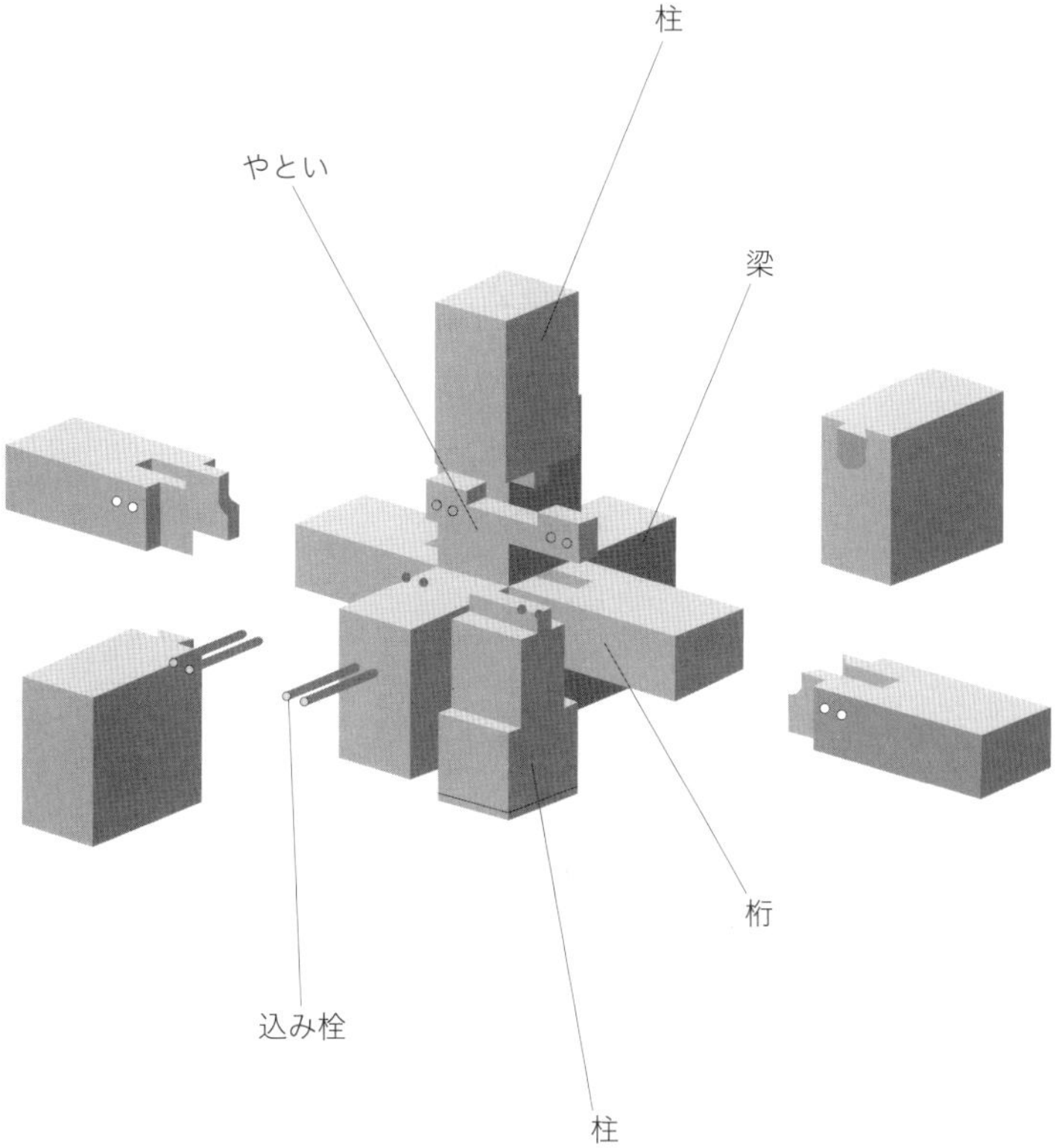

木の城たいせつオリジナルの軸組み

1◆5　新・伝統工法の真髄、木組み＋パネル工法

伝統工法が、地震の力をしなやかに受け流し、エネルギーを吸収する柔構造であるのに対して、一般的な在来工法は、地震の揺れを受け止めて地震の力に耐える剛構造です。伝統工法は、柱や梁を組み合わせて建物の骨格をつくり、地震や台風の力が加わると接合部が動き、「変形」や「めり込み」が起きることでエネルギーを吸収します。また、宮大工の言葉で「総持ち」と言われ、接合部が地震のエネルギーをバランス良く分担することで、建物全体として大きな強度や耐震性を持たせています。

木の城たいせつでは、木組みの外側に、9ミリ合板による構造用パネルを貼り付けて一体化することで、耐震性を向上させる新・伝統工法を採用しています。

これが従来の伝統工法やパネル工法と比較して非常に高い強度を有していることは、前に説明した通りです。

地震による横揺れが建物を襲うと、床と天井は水平に動き、壁は傾斜しながら上下に動き、それぞれの接合部に大きな力が集中します。一般的なパネル工法では、壁パネルを釘やビスで固定しているため、ゆるみやサビ、結露などによる劣化の原因となるほか、小さな地震では、ガタガタと揺れて耐えますが、傾きが大きくなると接合部が外れてしまい、たとえ倒壊を免れても接合部の大きな修繕が必要です。

一方、木の城たいせつでは、金物は一切使わずに、巾木《はばき》、台輪《だいわ》を構造材として使い、はめ込みや木の栓などによって壁パネルを床と天井につないでいます。そこにはあらかじめ地震などによる挙動や変形に対処するためのクリアランスが設けられています。地震が起きると、軸組みと壁パネルが一体となって揺れを抑えていますが、揺れが大きくなると接合部が変形して揺れを吸収します。中小規模の地震では揺れが収まると元の位置に戻る復元力を持っています。

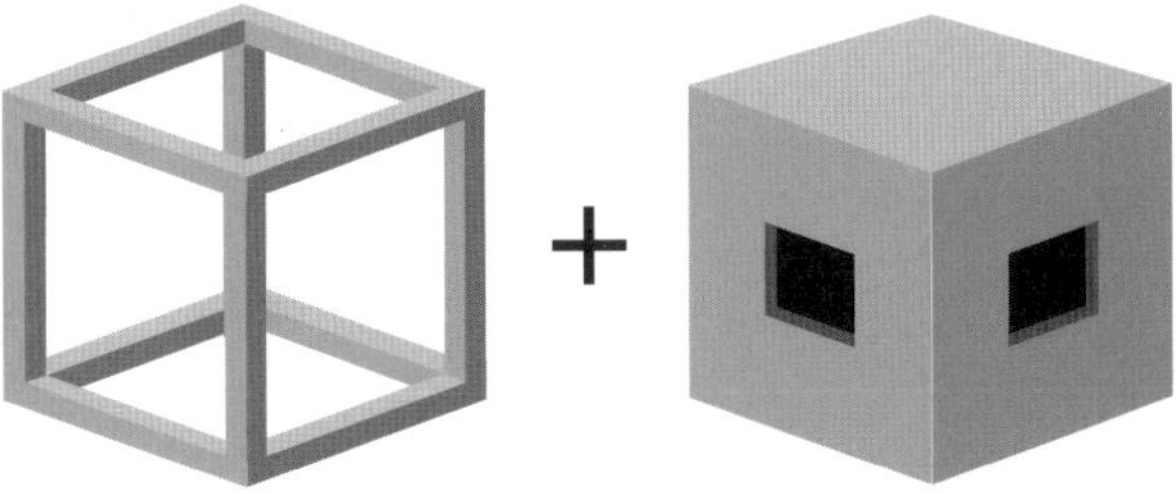

木組み＋パネル工法で強靭なモノコック構造を実現

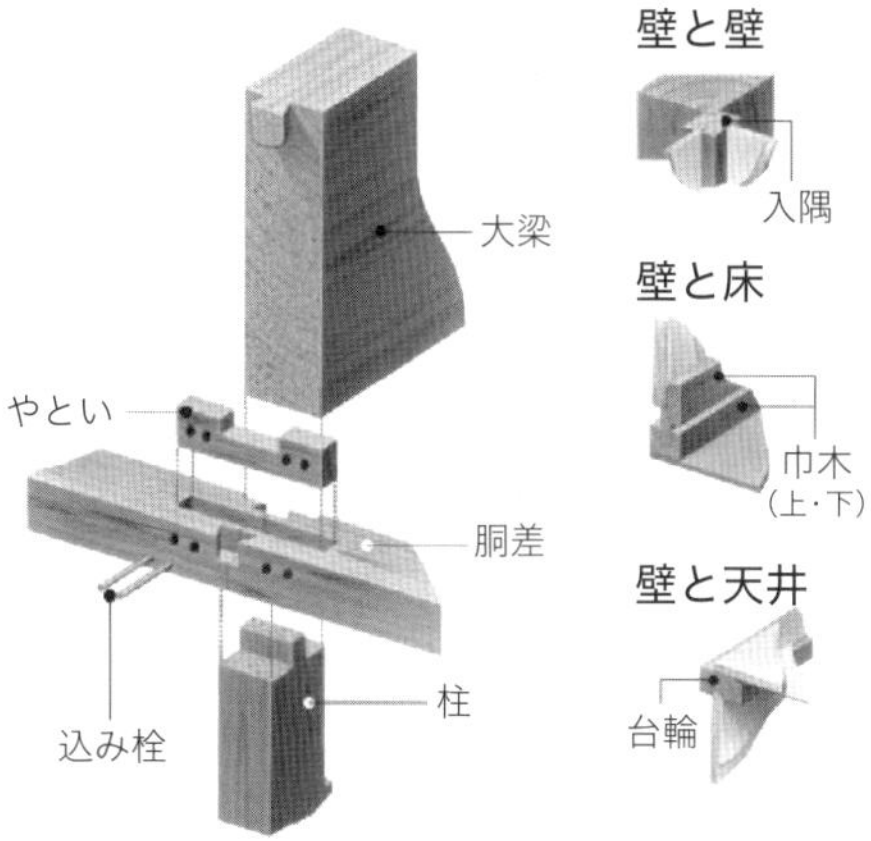

建物の変形を見越した
木の城たいせつの納め方

実用新案登録証
(CERTIFICATE OF UTILITY MODEL REGISTRATION)

登録第３２０４３６６号
(REGISTRATION NUMBER)

考案の名称 (TITLE OF THE DEVICE)　木造軸組構造およびこれを有する神社仏閣

実用新案権者 (OWNER OF THE UTILITY MODEL RIGHT)　北海道夕張郡栗山町旭台１－５８
株式会社木の城たいせつ

考案者 (CREATOR OF DEVICE)　山口　昭
吉村　直巳

その他別紙記載

出願番号 (APPLICATION NUMBER)　実願２０１６－０００５０３

出願日 (FILING DATE)　平成２８年　２月　４日(February 4, 2016)

登録日 (REGISTRATION DATE)　平成２８年　５月１１日(May 11, 2016)

この考案は、登録するものと確定し、実用新案原簿に登録されたことを証する。
(THIS IS TO CERTIFY THAT THE UTILITY MODEL IS REGISTERED ON THE REGISTER OF THE JAPAN PATENT OFFICE.)

平成２８年　５月１１日(May 11, 2016)

特許庁長官
(COMMISSIONER, JAPAN PATENT OFFICE)

伊藤 仁

実用新案の登録証

木の城たいせつでは、仕口の複雑な形状を規格化し、工場での並行生産ができるように独自の形状を開発・採用。平成28年、実用新案に登録された

1◆6　実大試験で、伝統工法の強さが明らかに

木の城たいせつの伝統工法の家を使った実大強度試験のデータがありますので、ご紹介しましょう。木の城たいせつの家と一般的な在来工法の住宅の2棟を建てて、垂直強度と水平強度を計測する試験です（1979年実施）。

2つの強度試験は、当時の北海道工業大学（現・北海道科学大学）工学部建築工学科の教授のご協力の下、大勢の研究者や学者の方々、木の城たいせつのお客様、近隣の住民の方々など、2000人を超える人たちが見守る中で実施されました。

当時、木の城たいせつの施工エリアが北海道に限られていたことから、積雪

による住宅の耐久性を確かめるために、屋根に砂嚢《さのう》を次々に積み上げる垂直荷重試験が行われました。在来工法の家では、300キロ/平方メートルの荷重で梁が29・6ミリたわんだことから、それ以上の実験を中止しました。それに対して、木の城たいせつの家は、300キロ/平方メートルの荷重で、梁にはわずか9ミリのたわみしか発生せず、その耐雪強度の優位性が確かめられました。

次に行われた水平強度を計測する倒壊強度試験では、2つの建物の1階部分にワイヤーを回して、これを同じ位置から機械で引っ張り、地震の横揺れに対する強度が確かめられました。在来工法の家が10トンの引張強度で25ミリたわみ、壁にひびが入ってモルタルが剥離、そして、16・5トンの加力で、一気に倒壊しました。

一方、木の城たいせつの家は、30トンの加力で70ミリたわみましたが、その後ワイヤーをかけたH鋼が曲がってワイヤーがはずれるアクシデントが発生した瞬間に建物が元の位置に戻り、見学者たちから大きな歓声が巻き起こったそうです。在来工法と比べて、伝統工法が約3倍の強度と、約3倍もの復元強度を持つというデータが得られました。

「INOCHI」では、この伝統工法に構造用合板による壁面を組み合わせて建物全体をモノコック化しています。試験当時の伝統工法よりも、さらに強度が大幅に向上していると考えてよいでしょう。

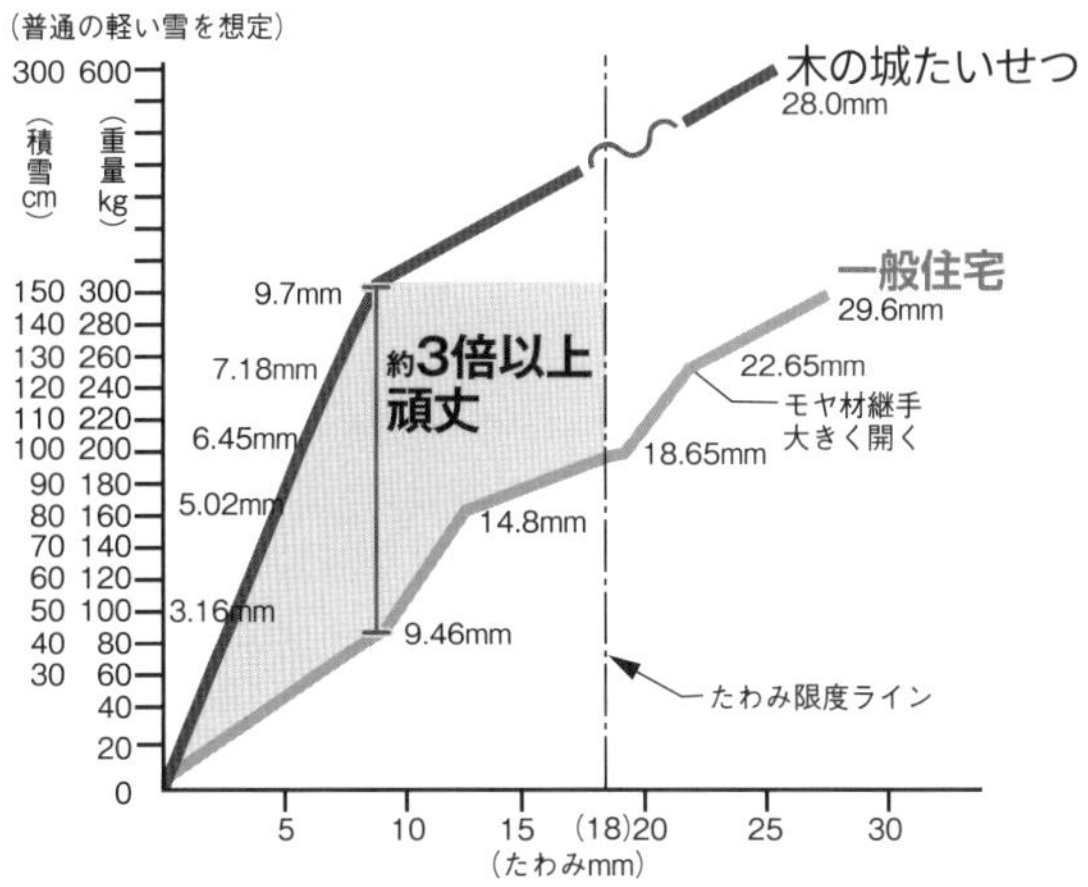

垂直強度試験

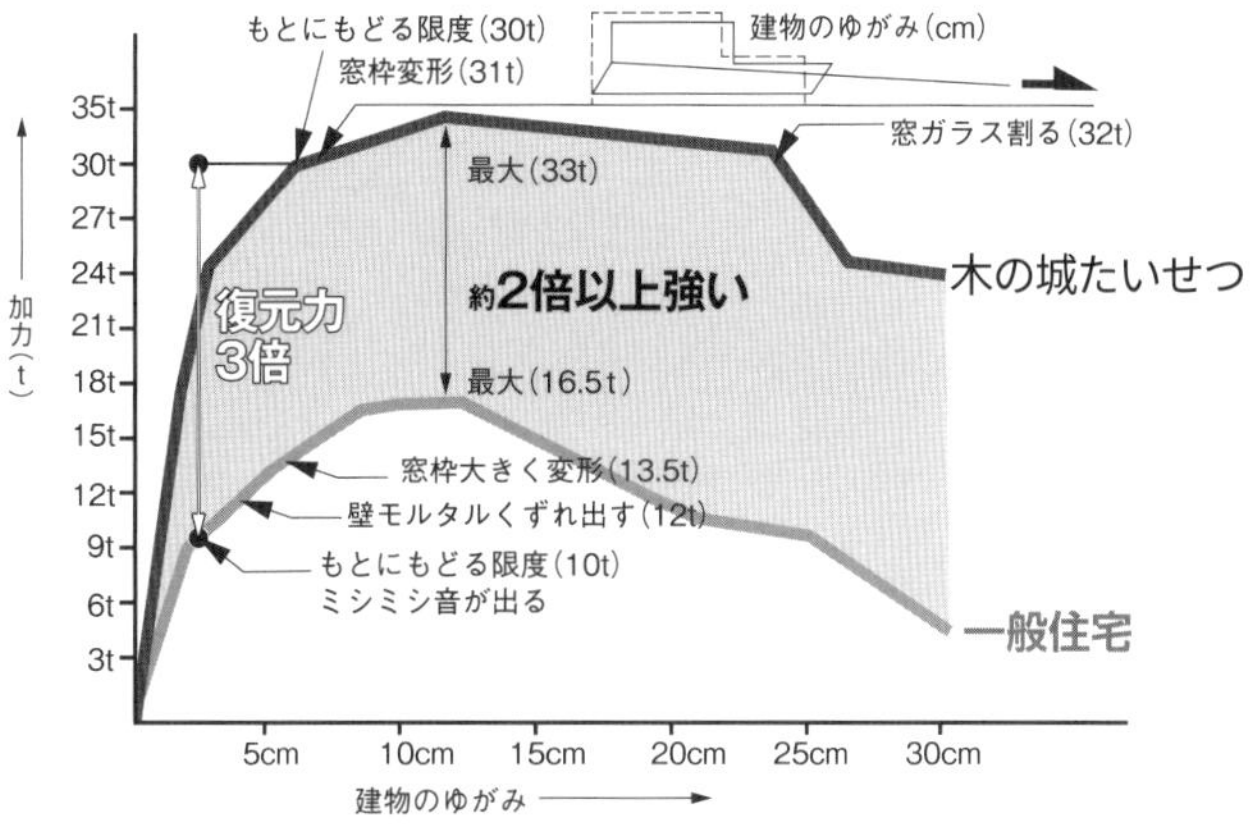

水平強度試験

第2章

あなたの家を宮大工の技で建てる

2◆1　伝統工法の家を、多くの人に届けたい

神社や仏閣などの日本の伝統建築は、木組みによって建てられてきました。釘や金物を使わずに木材を組み合わせるだけで軸組みをつくり、使われる木材も熟練した宮大工の手によって、一つ一つ丁寧で複雑な加工が必要となります。それだけコストもかかり、工期も長くなります。

木の城たいせつでは、宮大工の熟練の技を半自動の加工ラインに置き換えて高効率で大量生産できるシステムをつくり上げました。これまで宮大工が手作業で行っていた仕口や継手などの複雑な接合部の加工を、独自の加工機械でシステム化することによって、通常、坪あたり200万円以上かかっていた木組み工法をその3分の1程度で[*]、さらに、何年もかかっていた工期をわずか3〜

4カ月程度と、大幅に短縮できるようになりました。

＊コストは、プラン、坪数、建築地によって異なる場合があります。

伝統的な仕口の造作は、独自に開発した刃で自動加工できるライン装置でつくられています。加工した木材を施工現場に搬入し、工場で記された墨付きの指示に従って木槌で打って、はめ込むことで、強固で美しい木組みができ上がります。

木の城たいせつの伝統工法でつくる住宅の素晴らしさを北海道に限らず、広く全国に発信するにあたり、木の城たいせつの住宅建設を請け負っていただける工務店を募り、技術担当の方に北海道の木の城たいせつ栗山生産工場に来ていただき、施工方法を学ぶ技術研修を行いました。こうやって木組みの技を体得した技術者が木の城たいせつの住宅建設に携わっています。

現在、神社・仏閣などを守ってきた宮大工は、高齢化とともに深刻な後継者不足に直面しています。宮大工は一人前になるまでに最低10年はかかるとされ、下積み期間が長いため後継者が育つ前に引退してしまう人も多く、人口減少によって氏子や檀家が減って神社・仏閣そのものの数も減っていると言われています。

高い技術と豊富な知識を持った宮大工が日本からいなくなるとは思いませんが、これから伝統工法を使って住宅を建てる機会はますます減っていくことでしょう。私たちは、木の城たいせつオリジナルの技術を使い、歴史に育まれた伝統の技を次の世代に継承し、これからもより多くの人に伝統工法の家を届けていきたいと願っています。

宮大工の熟練の技を再現する自動加工ライン

一口に伝統と言っても、何を受け継ぎ、何を革新するかを見極め、
形だけの継承に陥らないことが大切

劇的なコストダウン、工期の大幅な短縮があってこそ、
伝統工法をこれからも生かすことができる

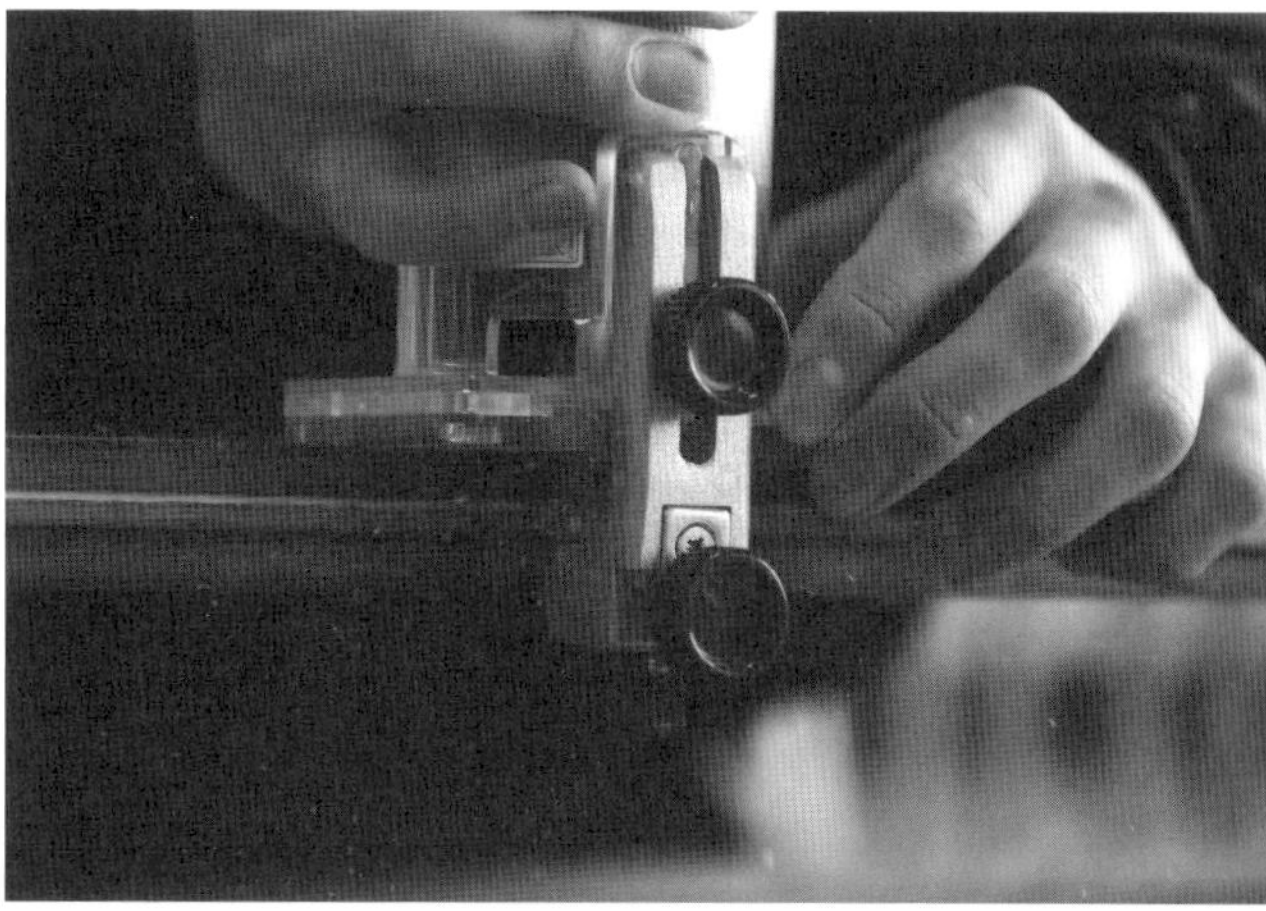

2◆2　建物に千年の命を吹き込む、宮大工の技

1300年前に建てられた世界最古の木造建築、法隆寺五重塔
（イラストレーション：穂積和夫）

千三百年以上前に建てられた法隆寺五重塔のつくられた時と変わらぬ威風堂々とした立ち姿は、飛鳥時代に活躍した宮大工の息吹を今に伝えているようです。

古来日本人は木と親しみ、木を生かす技を育んできました。法隆寺の宮大工棟梁に代々受け継がれる口伝があり、そこには日本の近代化の中で忘れられてしまった職人の知恵がたくさんつまっています。

「木は生育の方位のままに使え」とは、柱を立てる時、木が生えていた方角のままに使いなさいという教えです。山の南側の斜面で育った木は建物の南側に、北の斜面で育った木は北側に使うと建物が長持ちすると説いています。同じ木でも育った場所によって強さやしなやかさに違いが生まれるからです。また、口伝は「堂塔の建立には木を買わず山を買え」と言い、一つの山の木だけを使うようにと戒めています。同じヒノキでも育った場所によってその性質が異ります。同じ山で育った木で組むと狂いが出にくいのです。

社寺建築では一般の住宅より太く大きな木を用いますが、木は大きいほど育った場所の影響が大きく、組んだ後でも反りやねじれが強く生じます。

宮大工には、木を見てその癖を見極め、建物を組み上げる技が求められるのです。昔の宮大工は自ら山に入り、木を見て、その場でこの木は柱に、この木は梁にと建物のどこに使うかを決めてから里へと運んだと言います。

強い風にさらされていた木はその力に対抗する力を貯め込むので、材になると反対側にねじれる癖を持っています。右に左にとねじれる癖を見抜いて、木が互いに押し合うように組むと建物はしっかりと丈夫で長持ちします。逆に同じ方向に反る木を組み合わせると、建物がねじれて隙間やヒビが現れ、寿命が短くなります。

一見、真っ直ぐに見える木にも、生まれ育った環境による目に見えない癖を持っています。宮大工は、その癖を見抜き、癖を生かして組むことで、建物に千年を超える命を吹き込むのです。

古来より伝統建築に用いられてきたヒノキは、スギなどと比べて流通量が少なく、驚くほど高価です。これは他の樹種と比べて生育に時間がかかり、間引きや枝打ちといった手間がかかるためと言われています。

木の城たいせつでは、伝統工法の家を圧倒的にリーズナブルな金額で提供するために、ヒノキの代替となる強度と耐久性に優れた木材の選定に力を注いできました。そして、最新の技術によって新たに建築用の木材として開発されたのが、日本原産で唯一、落葉する針葉樹として知られるカラマツです。

2◆3　ヒノキより強い、北海道産カラマツ

木の城たいせつでは、地産地消にこだわり、建築部材の多くを北海道産の木材でまかなってきました。現在、構造部材として使っているのが、道産のカラマツです。カラマツは成長が早く北海道の気候風土にも適していたため、明治以降、積極的に造林が進められてきましたが、これまで建築用の木材としては注目されてきませんでした。

カラマツは、スギやヒノキと比較して、木材の強度を表すヤング係数が、スギが0・8、ヒノキが0・9に対して、1・05と上回っており、建築材として十分な強度を持っています。それにもかかわらず建築用材として使われてこなかったのは、カラマツ材が乾燥すると、ねじれや曲がりが出て、組み上がって

から寸法に狂いが出やすいからです。このため、カラマツは、主に梱包やパレット材などの産業用資材としてしか使われてきませんでした。

一方、北海道では戦後、大量に植林されたカラマツが建築用の資材に適した太さにまで成長し、建築材としてニーズの広がりが期待されていました。カラマツは、スギやヒノキと比較して、水分の含有率が高いため、一般的に行われる自然乾燥や人工乾燥では、木の芯まで乾燥することが難しく、これがねじれや割れなどを起こす原因となります。

そこで、変形しやすいカラマツの問題点を克服するため、北海道立林産試験場が木材乾燥技術の開発に取り組み、２０１４年に開発に成功したのが「コアドライ」と呼ばれる乾燥技術です。高温による人工乾燥工程を2回に分けて行い、その間１カ月ほど養生期間を設ける方法で、芯まで含水率を10％以下にすることに成功しました。

　この成果を生かそうと、木の城たいせつが中心となって、木材販売会社数社とともに栗山町ドライウッド協会を立ち上げ、道産カラマツ材の生産拠点として、「コアドライ」方式を活用した人工乾燥システムを備えた工場を設立し、２０１４年から生産を開始しました。

　ヒノキを超える強度を備えた新たな建築用資材が、リーズナブルなコストで一般の住宅建築に使えるようになりました。宮大工が育み、受け継いで来た素材選びと伝統の技に、最新の科学技術が挑戦し乗り越えた結果と言えるでしょう。

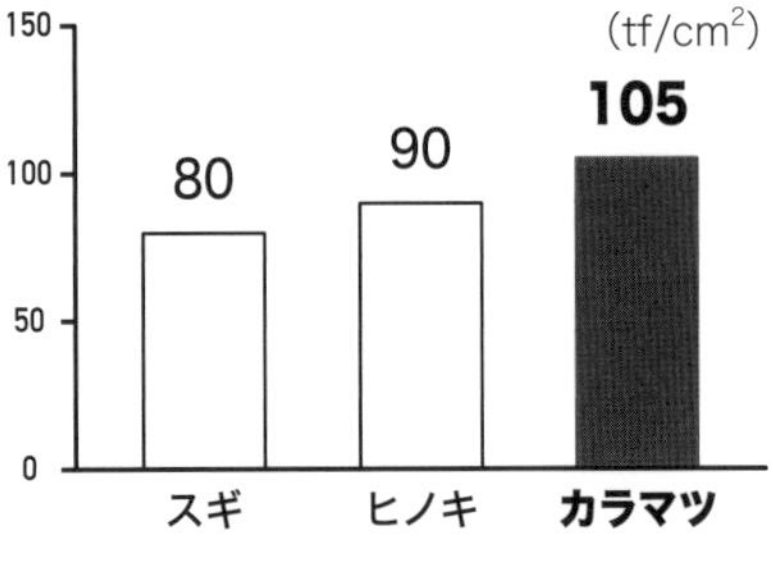

素材ごとの曲げヤング係数比較
出典：国際環境 NGO FoE Japan
（財）地球・人間環境フォーラム

コアドライ乾燥釜へ木材を投入

表面割れ　コアドライ　WW 集成材　心去り材

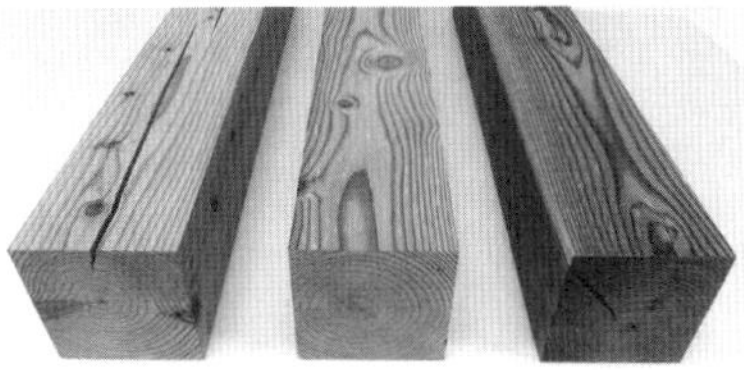

表面割れ　コアドライ　内部割れ

従来の乾燥では、表面割れや内部割れが発生したが、コアドライではほとんど割れが発生しない

カラマツ林

2◆4　伝統工法を楽しむ、「和」と「モダン」デザインの家

日本の伝統建築の美しさは、構造美にあると言われています。それは、機能や構造だけを追求していった結果、自然と浮かび上がってくる美しさです。千年品質伝統工法の家「ＩＮＯＣＨＩ」は、木組み架構の技術を受け継ぎ、構造美を生かした広々とした空間が大きな魅力となっています。

そのひとつが京都府京田辺市の「ルナシティ同志社山手」にある『和×構造美』の家。木組みの構造を生かした大空間をつくり上げています。玄関引き戸を開けると、広い全面の土間と和をイメージした4枚引き戸が目に入り、さらにその戸を開けると、伝統工法の構造体が美しいオブジェのように広がっています。直径24センチの大黒柱と直径60センチの大梁が印象的です。1階と2階の両方

には20畳以上のリビングがあり、大きな吹き抜けによって一体的な大空間を感じられるつくりになっています。

1階にはリビングを見渡せるオープンキッチンがあり、木の階段を上がった2階には、右手に寝室、左手にはさまざまな趣味に活用できるリビングがあります。収納スペースを除いて、1階、2階にも壁やドアなどの仕切りのないワンルームは、伝統工法の木組み構造だからこそ可能な、開放感あふれる空間です。

もう一つが、千葉県印西市の「ルナ印西牧の原クルムザクロス」にある『モダン×日本の木』の家です。木組みを生かしたモダンなテイストのデザインで、まず玄関の扉を開けると、日本人に馴染み深いヒノキの香りに包まれます。内装材の一部に伊勢神宮の式年遷宮にも使われている木曽ヒノキを使用しているのです。

1階の広いリビングの中心には、料栱《ときょう》と呼ばれる美しい組み物があります。これは神社建築などで柱の上に設置して梁をしっかりと支えるための造作で、構造上の役割と装飾的な役割も担っています。また、木組みをイメージした内装や金属製の手摺りが、モダンなアクセントを付け加えています。ちなみに1階の洋室は、将来的に間取りを変更して2部屋として使うことも想定しています。2階はオープンキッチンを備えた全面リビングで、視線を上に向けると、伝統的な木組みの美しさが目に飛び込んできます。

『和×構造美』モデルハウスの外観

『和×構造美』モデルハウスの内観。玄関からの眺め

リビングから見た、美しい木組み構造（『和×構造美』）

『モダン×日本の木』モデルハウスの外観

伊勢神宮でも使われている木曽ヒノキの内装（『モダン×日本の木』）

『モダン×日本の木』モデルハウスの内観。伝統工法による枓栱の木組み

2◆5　心と身体に安らぎを与える、木の家

木の家に入ると気分が爽快になるといった経験をしたことがありませんか。これは木の香り成分に人をリラックスさせる効果があるからです。この成分はフィトンチッドと呼ばれていますが、本来、木が傷ついた時に虫や菌から守るため生み出された物質で、殺菌効果だけでなく、消臭効果や脱臭効果があり空気を浄化する働きを持っています。森にはたくさんの落ち葉や虫の死骸などが堆積していますが、それでも空気が新鮮なのはフィトンチッドの浄化作用のためだと言われています。

ところでこんな実験があるのはご存じでしょうか。木の箱、鉄の箱、コンクリートの箱にそれぞれマウスを入れて、環境の違いがマウスの生育にどのような影

響を与えるかを調べるために静岡大学が行った実験です。その結果、20日後の子どものマウスの生存率が、木では85％だったのに対して、金属では42％、コンクリートではわずか7％と大きな差が出たのです。マウスの実験結果がそのまま人間に当てはまるとは言えませんが、木でできた環境は、金属やコンクリート製の空間に比べてストレスを緩和する働きを持っていると考えてよいでしょう。

また、住宅のダニ問題に詳しい、高岡正敏氏が行った実験データによれば、ヒノキの香り成分である精油を含む環境と、含まない環境でダニの生育と繁殖を比較したところ、精油を含む環境では2日目からダニが死滅したのに対して、精油成分がない環境では、ダニが繁殖し続ける結果が得られたそうです。「ＩＮＯＣＨＩ」には、ヒノキの内装材をふんだんに使ったモデルがあります。構造材として使われるカラマツも調湿性に優れ、ダニの繁殖を抑えることがわかっています。

木は有害な紫外線を吸収する性質があり、通常光の反射率も人間の肌と同じ50〜60％程度と、程よく光を吸収して眼に優しい効果があります。また、木は適度に音を吸収して話し声や物音を柔らかく響かせてくれます。ピアノやバイオリンなどの楽器に木が使われるのも、音をきれいに響かせることができるからです。このように木の家は人の心と身体に健康と安らぎを与えてくれるのです。

第3章

いつでも快適・健康なわが家で暮らす

3◆1　なぜ日本の住宅は寒いのか

自動車の燃費性能やエアコンの省エネ性能に比べて、住宅の環境性能は長らく注目されていませんでした。

しかし近年、住宅の環境性能の違いでエネルギーコストが大きく変わること、寒い家がヒートショックやアレルギー性疾患の大きな原因となることが指摘され、環境性能が見直されています。

欧米では、1970年のオイルショックを契機として家の断熱化・高気密化が進み、住宅の省エネ・断熱に関する厳しい基準が設けられました。また、住宅の燃費性能表示が義務付けられており、家を買う人は、自動車の燃費を調べるように、自分の住まい方に合った住宅が選べます。

日本でも、東日本大震災後に原子力発電所の運転が停止したことから節電が求められ、住宅の省エネ化が進むきっかけとなりました。しかし、いまだに省エネ基準は欧米先進国と比べてかなり低く、家を買おうと考えている人の中での関心もあまり高くありません。

日本では古くから、「家のつくりようは、夏を旨とすべし」とされ、高温多湿な夏を快適に過ごせるように家がつくられてきました。天井を高く風の通り道をつくり、暖気が家の中で停滞しないように風が抜けやすくする工夫がされています。

これに対して、ヨーロッパの伝統的な石づくりの家は、厳しい冬を快適に過ごせるように熱の逃げ道となる窓が小さく、窓やドアを閉め切って暖炉などの暖房器具で部屋全体を暖めて冬の寒さに対処してきました。

そもそも日本の住宅には、暖房器具を使って部屋全体を暖めるという考え方がありませんでした。冬は囲炉裏や火鉢の近くで暖を取る、それでも寒かったら服を着込んで我慢しなさいというわけです。暖房機具がこたつやストーブに代わっても、広い空間を暖められるほどの性能はありませんでした。

最近、地球規模の温暖化によって日本の気象は激変しています。夏は各地で最高気温が更新され、冬は、記録的な寒波による大雪に襲われています。日本の住宅にもようやく、我慢ではなく、知恵と技術による快適な暮らしの実現が求められるようになってきました。

日本の古民家。天井が高く風通しが良いつくりになっている

3◆2　健康で快適な家づくりに欠かせない高気密・高断熱

高気密住宅とは、外気が家の中に入らないように、逆に家の中の空気を外へ逃さないことを目的に、建材の接合部に防湿シートや気密テープなどを貼って隙間をつくらないようにして気密性を高めた住宅です。高断熱住宅とは、外の熱が室内に伝わらないよう、逆に室内の熱が外に逃げないよう、断熱性を高めた住宅です。壁の内側や外壁などに断熱材を入れたり、遮光性のある窓を使って断熱性を高める工夫が施されています。

高気密・高断熱住宅とは、2つの機能を組み合わせることで、冷暖房で適温にした空気が外に逃げにくく、効率良く空気を暖めたり冷やしたりすることができる住宅のことで、1台のエアコンで家全体の冷暖房をまかなえるなど、光熱費を抑えることができます。

一年を通して快適な室温が保てる高気密・高断熱住宅は、エネルギーコストの削減ができるばかりでなく、室内の温度差による結露を防ぐことでカビの発生を抑えるとともに、壁内結露による構造躯体の劣化を防ぐ効果があります。

高気密・高断熱住宅の性能を向上させるためには、断熱材を適材適所に設置することが大きなポイントとなります。住宅の断熱方法には、壁や天井の内側に断熱材を入れる「内断熱」と呼ばれる方法と、断熱材を壁や屋根の外側に施工する「外断熱」の2種類の方法があります。

内断熱は、グラスウールやロックウールなどの繊維系の素材をはめ込むやり方と、粒状の断熱材を吹き付けるやり方があり、施工が容易であることから、日本ではもっとも広く普及しています。一方、建物全体を包み込んでいないために隙間ができ、気密性の低さから結露が起きやすいという面もあります。

これに対して、外断熱は、プラスチック系の断熱材を用いて床下から壁、屋根まで家全体をすっぽりと包み込むことで、湿気を通しにくい気密性の高い家をつくることができます。結露によるカビやダニの発生が抑えられ、健康で快適な家を建てられるのです。

「ＩＮＯＣＨＩ」が高気密・高断熱にこだわり、その性能を極限まで高めて結露の発生を抑えているのは、後述するように、構造材の劣化を防ぎ、木組みの持つ強さを維持することが目的です。

ところで、現在、伝統工法の良さを享受しながら、少しでも快適な温熱環境をつくりだそうと、壁の内側や天井裏に断熱材を入れる施工業者が増えています。しかし、施工精度が悪いと内部結露を引き起こし、木組みによる構造材を急速に劣化させ、問題となっていることも事実です。

外断熱と内断熱（模式図）

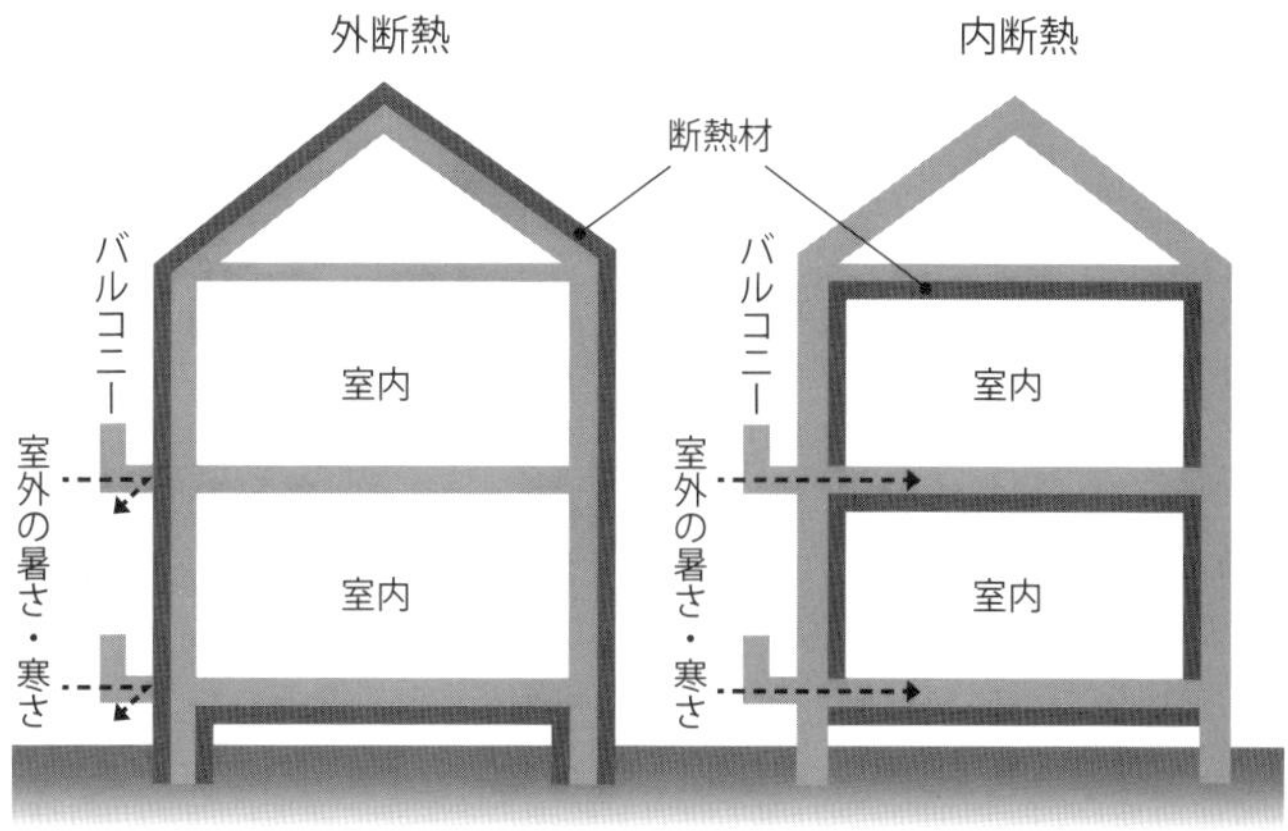

3◆3　省エネルギー・高耐久性を生む、「パーフェクトW断熱」

「ＩＮＯＣＨＩ」では、究極の温熱性能を目指して「パーフェクトW断熱」を採用しています。

内断熱工法は、柱と柱に断熱材をはめ込むため、柱や梁そのものが熱橋（ヒートブリッジ）となって熱が伝わりやすく、コンセントや水道管など断熱材が入れられないところが発生するなど、どうしても断熱欠損部分ができてしまいます。これが冬になると内部結露の原因となります。ガラスファイバーなどの断熱材は吸湿性があるため水分を貯めやすく、こうした状態が何年も続くと柱などの構造体を腐らせて建物の老朽化につながります。

一方、外断熱工法は、湿気を通しにくいプラスチック系の断熱材を用いて、家の外側から隙間なく貼るように施工しています。家の床下から屋根に至るまで隙間なく防水シートと一体化した断熱材を使って家全体をすっぽりと断熱するのです。外断熱のプラスチックパネルのわずかな隙間に外側から気密テープを貼ることで、家の気密性をさらに高めています。外断熱では結露そのものの発生が抑えられ、内断熱の性能を十分に発揮させることができます。このように「パーフェクトW断熱」はこれまでにない省エネルギー性と耐久性の両立を図ることで、エアコン1台の稼働で、全部屋の冷暖房をまかなうことができるのです。

北海道で、外気温が氷点下7度まで下がった3日間、暖房を完全に止めて実験を行ったところ、3日後の室内の気温が14〜16度に保たれていました。真夏の関東で冷房を止めて行った実験では、3日間で室温がわずかしか上昇しませんでした。万一真冬や真夏にエアコンが止まってしまっても、健康に不安なく暮らせることがわかったのです。

また、「パーフェクトW断熱」は、コンクリートの基礎にも硬質ウレタンによる断熱材を貼って、コンクリートの基礎を断熱することで、コンクリートの長寿命化を図っています。コンクリートは温度変化による膨張収縮でクラックが入ると、そこから雨水が浸入して鉄筋が腐食を起こし、劣化の大きな原因になります。一般にコンクリートの寿命は50〜60年程度ですが、適切な環境下にあれば１００年以上はもつと言われています。

ここ数年、ダブル断熱の家が普及してきましたが、いざ家を建てて住んでみたら、思っていた快適さにはほど遠くガッカリしたといった声を、よく聞きます。せっかく外断熱をうたっているのに、屋根の一部などに断熱材が入っていなかったり、大手ハウスメーカーの中にも断熱性能に首をかしげたくなるような〝なんちゃって〟ダブル断熱仕様の家があるのです。

ちなみに「ＩＮＯＣＨＩ」の販売センターには、２つのまほうびんが展示されています。一つは密閉をして、熱湯が入れてあるまほうびん。もう一つがフタが開いている〝なんちゃって〟まほうびんです。フタを屋根と考えると断熱性能にもれがあるのが分かります。断熱性能は外側から見ても確認できないから大変なのです。木の城たいせつでは、一軒一軒、施工時に技術者が検査に立ち会って「パーフェクトＷ断熱」認証を行っているから安心です。

住宅の購入をお考えなら、ぜひ真冬か真夏にモデルハウスに泊まってみて、断熱性能をご自身で確かめてみてはいかがでしょう。

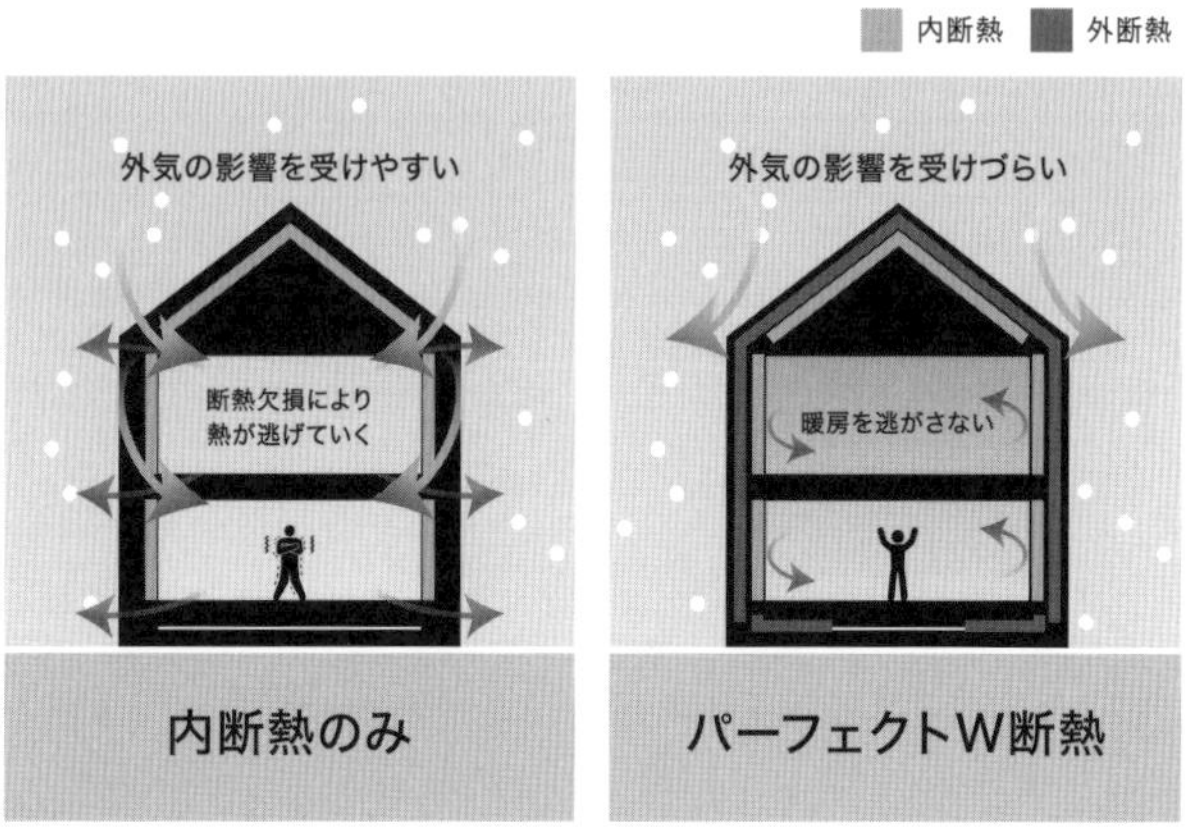

「パーフェクトW断熱」（イメージ）

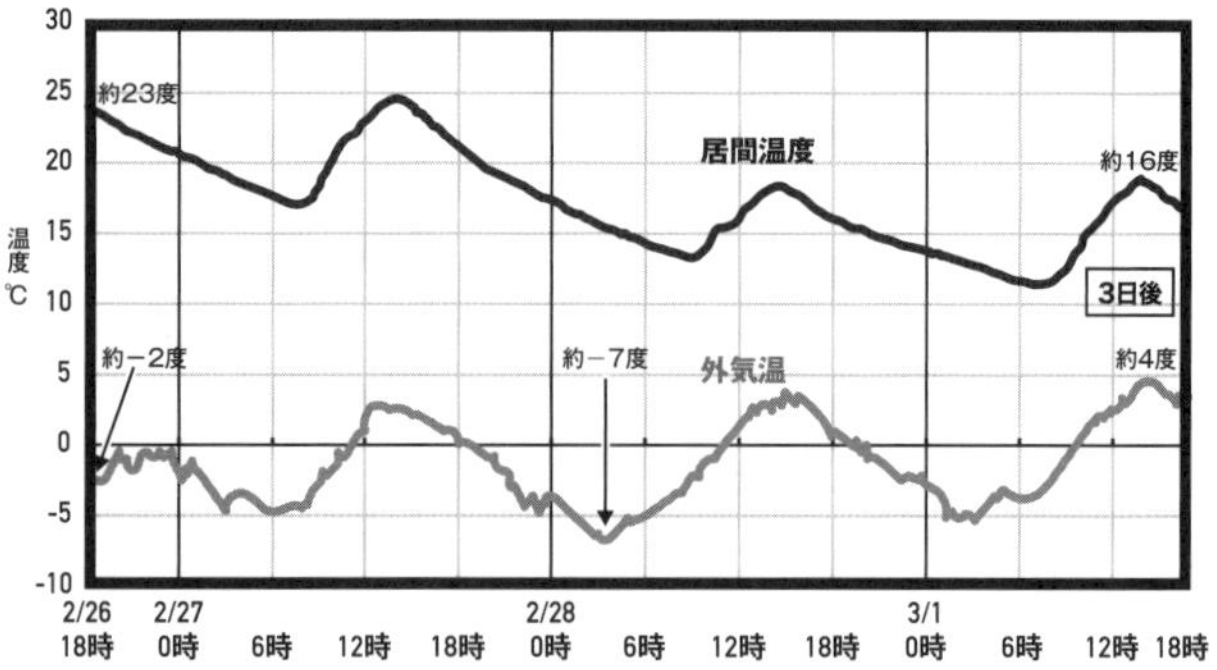

通常の暖房を行っている状態から、暖房を停止した後の温度低下を測定。3日後でも室内は14～16度に保たれた

3◆4 「パーフェクトW断熱」が住む人の健康を守る

「パーフェクトW断熱」は、エネルギーコストの削減や住宅の長寿命化に貢献するだけでなく、ヒートショックや熱中症によってお亡くなりになる方を減らす効果があることがわかっています。

暖かい部屋から暖房の効いていないトイレに行ったり、風呂場の脱衣所で洋服を脱いで震えてしまう経験をしたことがあると思います。この急激な気温差が血圧の大きな変動を引き起こし、失神や心筋梗塞、脳梗塞につながるのがヒートショックです。日本では、1年間に入浴中に亡くなる人が1万4千人いるとされ、その多くがヒートショックの可能性があると言われています。

入浴死は、11月から2月の寒い時期に集中していますが、都道府県別の発生率を見ると、もっとも寒い地域である北海道が、沖縄に次いで2番目に低いのです。これはトイレや脱衣所、風呂場の断熱化などによる寒さ対策が施されている住宅が多いからと言われます。

一方、夏の猛暑による熱中症の発生も年々増えています。熱中症と聞くと屋外での活動中に起きるものとイメージされる方が多いと思いますが、病院に搬送される人の4割は室内で過ごしていて熱中症を発症したと言われています。

我慢しないでエアコンをつけるように呼びかけていますが、断熱性の低い家ではエアコンが効きづらく、特に高齢者は本人が気づかないうちに熱中症が重症化してしまうことも少なくありません。それに対し、断熱性の高い住まいは、寒い冬、暑い夏、一年を通して不慮の疾患から住む人の命を守ってくれます。

また、「パーフェクトW断熱」は、室内外の温度差に影響を受けない断熱構造になっているため、内部結露が極めて起こりにくくなっています。結露が起きるとカビが発生しやすくなり、カビを好むダニの繁殖を促します。ダニやダニのフンは、喘息やその他のアレルギー疾患の原因となると言われています。こうした原因物質を発生させない「パーフェクトW断熱」は、快適で安全な住まいの環境を保ち続けることができるのです。

3・5　エネルギーを使わずに暮らすトップランナー「INOCHI」

ＺＥＨ（ゼッチ＝ネット・ゼロ・エネルギー・ハウス）とは、住宅の断熱性を向上させるとともに、高効率な設備を使って省エネを図った上で、太陽光発電などによって自前でエネルギーを創出し、消費エネルギーの収支をゼロ以下にした住宅のことです。

日本政府は、２０２０年までに住宅メーカーが新築する注文住宅の半数以上をＺＥＨにし、２０３０年までに建売戸建てや集合住宅を含むすべての新築住宅にＺＥＨの実現を目指すとしています。

政府がＺＥＨの普及を急ぐ背景には、家庭部門での省エネ対策の遅れがあると指摘されています。資源エネルギー庁が発表した２０１８年の総合エネルギー統計によると、最終エネルギー消費が、製造業などの産業部門では、１９７３年から２０１７年にかけて10％減少したのに対して、家庭部門では2倍に増加しています。世帯あたりのエネルギー消費は抑えられていますが、ライフスタイルの変化から世帯数が増加しているため対策が求められているのです。

２０１５年の第21回気候変動枠組条約締約国会議で採択されたパリ協定で、日本は２０３０年までに、対２０１３年比で温室効果ガスの排出量を26％削減することを国際的に約束していますが、一般家庭のエネルギー消費を対象とした家庭部門での削減が大きなウエイトを占めています。

「パーフェクトW断熱」の実測値は、Ｕa値（外皮平均熱貫流率）０・4、C値（相当隙間面積）０・28と高水準を誇っています（モデルハウスでの計測値）。

さらに、高性能エアコンや、太陽光パネルと蓄電池システムによる創エネルギーによって、国が定める2020年度のZEH基準をクリアしています。経済的なメリットだけでなく、住む人の健康や環境への配慮といった快適で質の高い暮らしを提供しています。

Ua値（外皮平均熱貫流率）とは、建物の外皮（外に触れている部分）から、熱がどれだけ逃げるかを表した数値。低いほどよく、ZEH基準では北海道などの寒冷地で0・4以下と定められている

C値（相当隙間面積）：家の気密性を表す数値。「INOCHI」の0・28は、ハガキ4分の1ほどの隙間面積に相当する

3◆6　夏を涼しく、冬を暖かくする高性能断熱サッシ

日本の住宅の暑さの7割、寒さの6割は窓が原因だと言われています。冬の暖房時の熱流出は窓などの開口部からが58％を占め、夏の冷房時に、外から室内に入り込む熱は73％が窓からという結果があります。家の気密化・断熱化を考える際に、窓の性能がいかに重要かということがわかります。

「ＩＮＯＣＨＩ」では、断熱性に優れた高性能断熱サッシを採用しています。高性能断熱サッシは、開口部の気密性や断熱性を高めることで、冬は室内の熱が逃げにくく夏は外からの熱が伝わりにくい、外気温の影響の少ない室内環境づくりに貢献しています。

日本では戦後、気密性が高く加工が容易なアルミサッシの窓が一気に普及し

ました。しかし、アルミは熱を通しやすい性質があり、冬は暖房の温度を上げても窓際はかなり寒く、夏は日差しや暑さをそのまま室内に取り込んでしまいます。

「ＩＮＯＣＨＩ」の断熱サッシでは、室内側に熱の伝わりにくい樹脂形成の枠を、室外側には耐候性・耐久性の高いアルミ製の枠を使い、この性質の異なる２つの素材を一体化させた複合構造とすることで、高い断熱性を確保しています。

２枚のガラスの間に空気層を設けるペアガラスを使い、室外側のガラスにＬｏｗ-Ｅと呼ばれる金属膜をコーティングすることで、熱を通しにくくし、夏場の冷房効果を高め、冬場の室内の熱の流出を防いで、一年を通して快適な環境をつくり出しています。

また、高気密な高性能断熱サッシは、外部からの音の侵入を約30デシベルカットする優れた遮音性能を持っています。飛行機や自動車などの騒音やピアノの音やペットの鳴き声などの生活騒音を日常生活に気にならないレベルまで下げる効果があります。室内の音も外に伝わりにくいため、楽器の演奏やホームパーティなども気兼ねなく楽しむことができるでしょう。

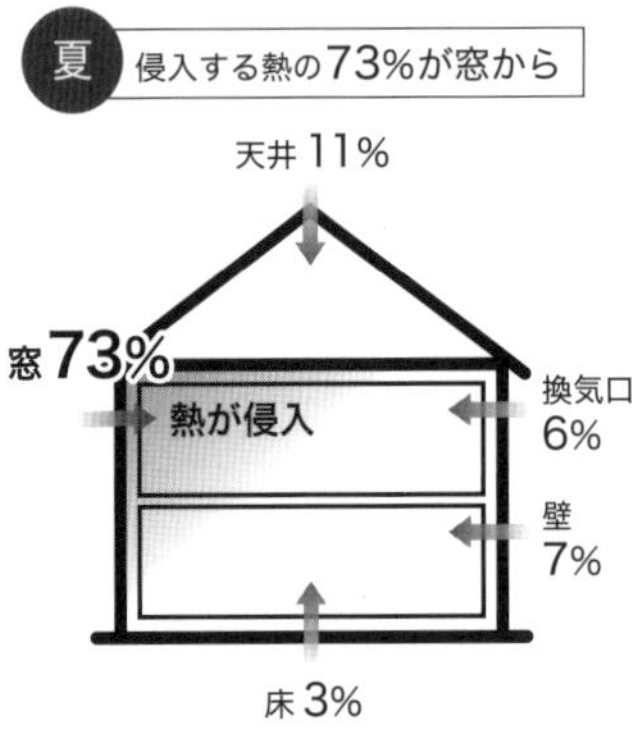

熱の流入割合（夏の冷房時）

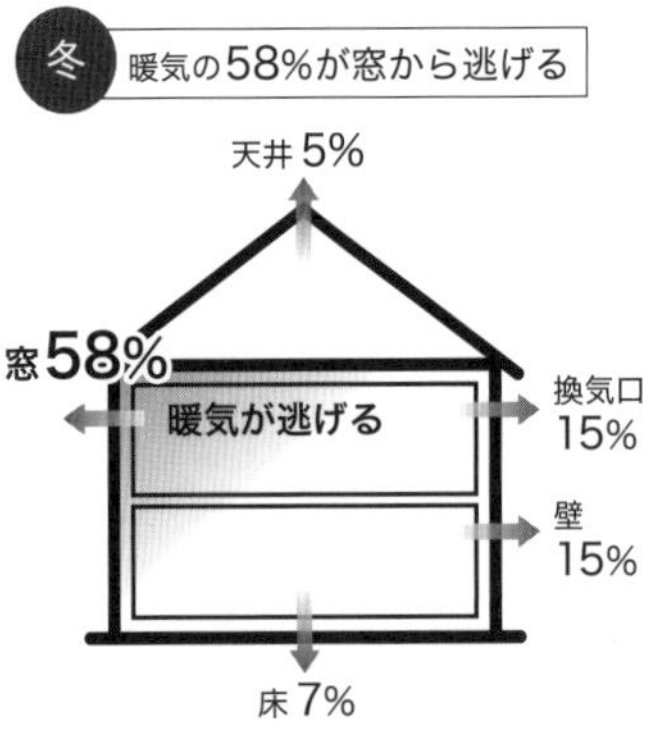

熱の流出割合（冬の暖房時）

3◆7　24時間換気で、室内の空気を清浄に

「ＩＮＯＣＨＩ」では、構造体の内側に発泡剤を吹き付けて断熱を図る内断熱と、構造体の外側にプラスチック系の断熱材を貼り付けて隙間なく被う外断熱を組み合わせたシステムによって、高い気密性と断熱性を確保しています。このため、エアコンわずか1台で家全体の暖房や冷房をまかなうことができます。

現在、すべての建物の新築には、シックハウス対策として24時間換気システムが義務付けられています。とりわけ気密性の高い住宅は、室内と室外の空気の出入りを防ぐために限りなく密閉状態に近く、そのままでは日常生活で発生する二酸化炭素や湿気、ニオイなどの不快物質が家の中に貯まりやすいため、積極的に機械を使った換気を行う必要があります。

換気方法には、排気のみを機械で行う第三種換気と、吸気のみを行う第二種換気、排気と吸気を同時に行う第一種換気があり、高気密な建物になるほど第一種換気が適切であるとされ、「ＩＮＯＣＨＩ」ではこの方法を採用しています。

また、「ＩＮＯＣＨＩ」の吸気ファンにはフィルターが内蔵されており、10ミクロン以上の花粉やカビの胞子、土埃などの粉塵の80％以上を除去することができます。取り込まれた空気は計画的な経路を通って室内を循環した後、室内で発生した二酸化炭素や湿気、微粒子などとともに、排気ファンを通って室外に排気されるので、常に室内の空気を清浄に保つことができるのです。

そこで気になるのが、せっかくエアコンによってつくられた暖気や冷気が外へ逃げてしまわないかでしょう。「ＩＮＯＣＨＩ」では、吸気ファンに全熱交換器を直結させて熱ロスを防いでいます。これは熱が高い方から低い方へと移動する性質を利用したもので、外の暖気や冷気を室温に近づけてから取り入れ、室内のクリーンな空気の確保と省エネの両立を図ることができます。「INOCHI」では、建物の間取りや窓の位置などを十分に考慮した上で、空気が効率良く室内を循環できるように吸排気を行う場所を決めています。

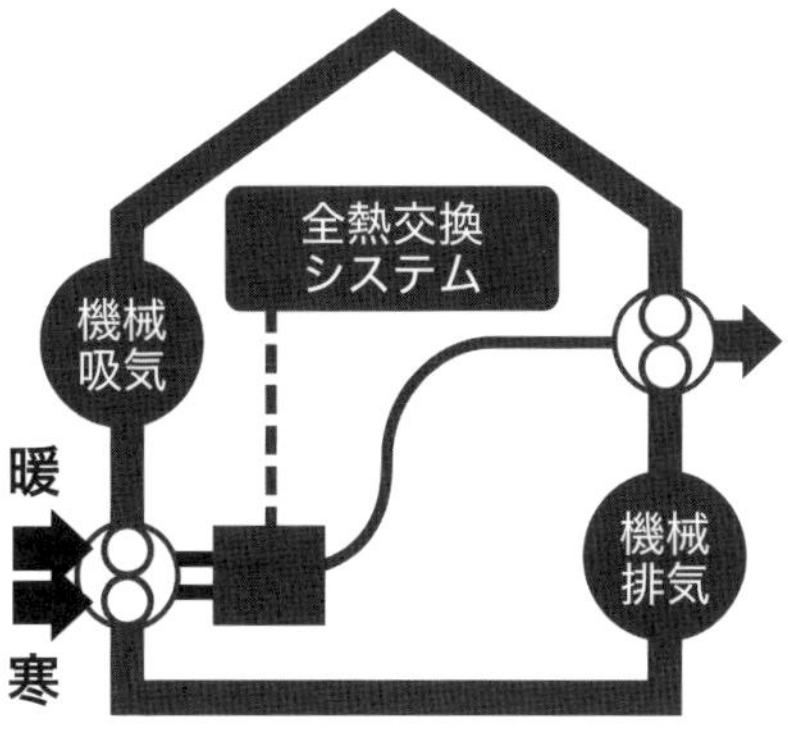

24時間換気システムの考え方

第4章

災害大国、日本で命をつなぐ家

4◆1 太陽光パネルと蓄電池で、停電でも電気が使える

南海トラフ地震や首都直下型地震など巨大地震の発生が心配されていますが、ここ数年を振り返ると、日本全国どこで地震が起きても不思議ではない状況が続いています。また、地球温暖化に伴う気候変動によって、台風の激化や集中豪雨、記録的猛暑、大雪などの異常気象も頻発していますが、最新のコンピューターを使っても、いつどこで大きな災害が起きるのか正確な予測ができません。

大地震や洪水などの非常事態に対する「レジリエンス」（強くてしなやかな回復力）には、災害そのものに対する備えだけでなく、電気や水などのライフラインが途絶しても数日間生き延びられるように準備しておくことが求められています。

２０１８年に発生した北海道胆振東部地震では、北海道のほぼ全域で停電が発生しました。地震から2日後の朝までには99％が復旧しましたが、送電設備などの被害が大きかった一部地域ではなかなか復旧が進みませんでした。

近年、節電対策として太陽光パネルを設置する住宅が増えていますが、家庭用蓄電池を組み合わせることで、災害時や停電時の非常用電源として活用することができます。太陽光パネルは、夜間や雨の日は発電することができません。一方、蓄電池は、貯めておいた電気がなくなってしまったら電気の供給が止まってしまいます。

この2つをセットで使うことで、万が一の停電の際も生活に必要な最低限の電気をつくり出すことができます。また、電気代の安い夜間電力を使って電気を貯めることで、電気代の節約にもつながります。

「ＩＮＯＣＨＩ」では、３・６キロワットの太陽光パネルと５・２キロワットアワーの蓄電池を標準で装備しています。北海道胆振東部地震の際に、同様のシステムを設置したユーザーの方から、２日間連続して夜間の照明をつけながら、冷蔵庫を使うことができたという声をいただきました。この２つが備わっていれば、万が一の災害時に数日間停電しても、太陽光による発電がしっかりしている限り電気に困りません。その間も安心して生活を送ることができます。

北海道胆振東部地震により、北海道全域で停電が発生し、復旧までに43時間かかった

4◆2 空気から水をつくり、災害時の命をつなぐ

２０１９年の台風19号は、関東甲信越、東北地方を直撃し、大規模な河川の氾濫が起こって記録的な豪雨災害となりました。停電による大規模な断水、土砂流出による水道管の破損や、浄水場や取水施設への土砂の流入などで、復旧までに長い時間を要した地域もありました。

断水が長引き、災害のために移動も困難な状況では、飲み水の入手が困難になりトイレや風呂が使用できず、身体的、精神的に大きな負担となります。こうした万が一の災害時、断水時に命をつなぐ水を確保するために「ＩＮＯＣＨＩ」では、空気中の水蒸気から水を取り出すことができる空気製水機を備えています。室内の空気を取り込みコンデンサーで空気を冷やし、水滴にして飲料

水として供給する装置で、エアフィルターや最先端のろ過装置を使い、大気中のＰＭ２・５や微細な放射性物質を取り除き、新鮮で清潔な水を無尽蔵につくり出すことができます。１日最大30リットルの飲料水が供給できるため、飲用のほか、調理やトイレにも使用できます。

「ＩＮＯＣＨＩ」は、太陽光パネルと蓄電池、空気製水機を「エネルギー・水レジリエンスシステム」として装備。災害時に普段とほとんど変わらない生活が送れるだけでなく、平常時は電気代や水道代などの節約になります。レジリエンスと経済的なメリットを同時にもたらすシステムというわけです。

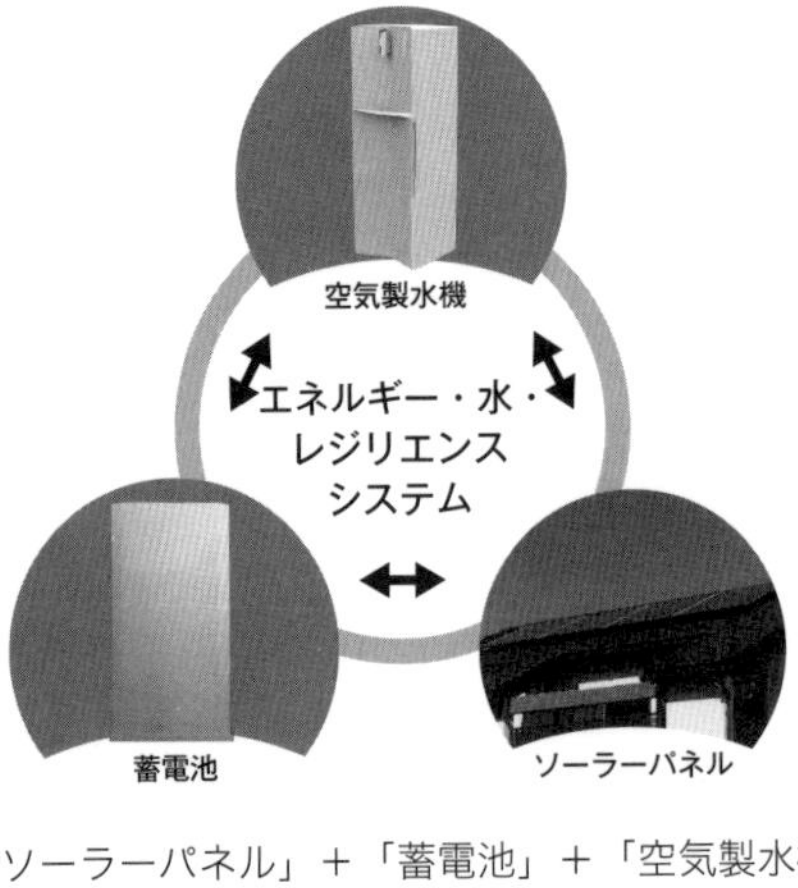

「ソーラーパネル」＋「蓄電池」＋「空気製水機」
地震などの災害時にも、電気や水を自給して安心して暮らしを続けることが可能に。平常時には、エネルギーコストの削減にもつながる仕組み

4◆3 津波や洪水から家族をしっかり守りたい

地震による津波や高潮、洪水などの浸水被害から身を守るためには、自治体などが発行しているハザードマップを見て、近くにある高台や避難所の場所、ルートなどを確認しておくことが大切です。それでも、想定を超えた大きな津波や、突然、堤防が決壊して避難する時間がない場合は、命の危険につながります。

「ＩＮＯＣＨＩ」では、海岸沿いや低地に住んでいる方向けに、押し入れに入る程度の大きさの小型の水害用シェルターを用意しています。軽くて丈夫なＦＲＰ（繊維強化プラスチック）素材でつくられており、約30トンの重量に耐えられる強度を持っています。地震発生時にこのシェルターに避難すれば、万が一、地震で家が倒壊し下敷きになっても押しつぶされることはありません。また、内側から開けられる空気穴があり、携帯電話の電波も通じるため、シェルターの中で救助を待つことができます。

シェルターは大人4人が入ることができる大きさです。津波で流されても、出入り口となる2つのハッチは内側にロックハンドルが設置されており、衝撃で扉が開いて浸水することはありません。建物の下敷きになるなどの危険を考えてハッチは側面についていますが、シェルターが水に浮くとハッチの側が上を向くように重量設計がされており、津波が収まったあと、ハッチを開けて救助を求めることができます。

シェルターは室内、室外どちらにも設置することが可能です。また、普段は、子どもの隠れ家や、大人の趣味の部屋など、住宅プラスワンのスペースとしても楽しめます。

災害大国と言われる日本、いつどこでどのような自然災害が起こるか予測ができません。いざという時に家族を守るための備えが必要なのです。

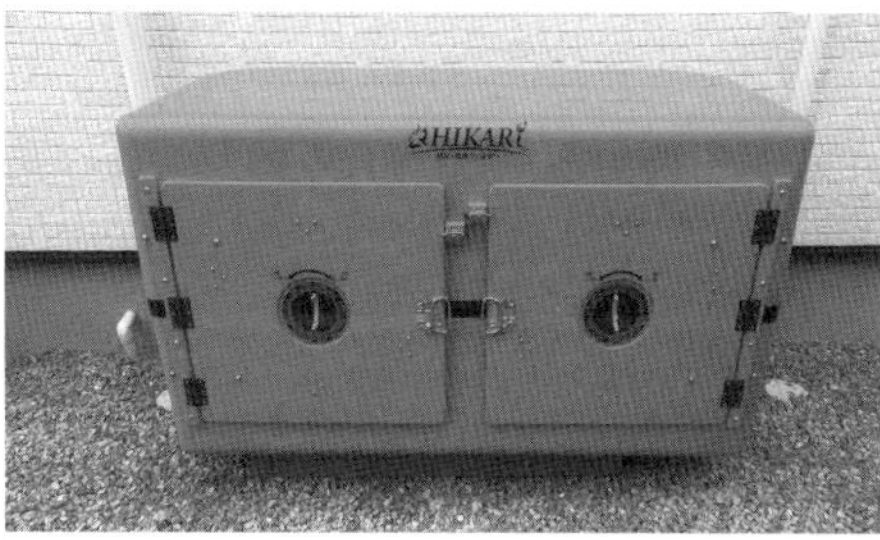

大人４人が入ることができる水害用シェルター。突然の津波でも水面に浮いて救助を待つことができる

第5章

財産をつくる家

5◆1　何より大切なライフサイクルコストの視点

ライフサイクルコストとは、住宅を建ててから解体されるまでにかかるすべての費用のことです。ライフサイクルコストは、住宅を建てる際のイニシャルコストや、生活に欠かせない冷暖房などのランニングコスト、修繕やリフォームなどのメンテナンスコストを含めて建物にかかる生涯コストのことを言います。

暮らしの中には、子育てや教育費、親の介護など、将来に備えておきたい資金もあり、どうしてもイニシャルコストのことばかりを気にしがちです。しかし、ライフサイクルコストに占めるイニシャルコストは2割程度というデータもあり、実はランニングコストやメンテナンスコストが大きなウエイトを占めているのです。

たとえイニシャルコストを低く抑えられても、住み始めてから思いがけない修繕費用がかかってリフォームを余儀なくされると、大きな負担になりかねません。また、住宅の気密性や断熱性が低いとランニングコスト（光熱費）がどんどん積み重なっていきます。買った時の満足度が高くても、将来にわたって満足をもたらすとは限らないのです。

いつまでも安心して快適に住み続けるためには、計画の段階からライフサイクルコストを考慮して住まい選びをすることがとても大切です。例えば、同じような間取りと広さの住宅があって、Aが２５００万円。Bが３０００万円だとすると、イニシャルコストはAが５００万円ほどお買い得です。

しかし、Bがその差額を、ソーラーや断熱などの再生可能エネルギーや省エネ対策や耐久性のある部材に使っていたとすると、Bは光熱費を1年間で20万円、

20年間で400万円も低く抑えられます。そして、もしAが後々修繕に500万円以上かかるとしたら、20年間でのコストはBの方が1000万円近くも少なくなります。

さらに、長年住み続けたとすると、ランニングコストやメンテナンスコストが積み重なって、ライフサイクルコストの差はもっと大きく広がっていくのです。

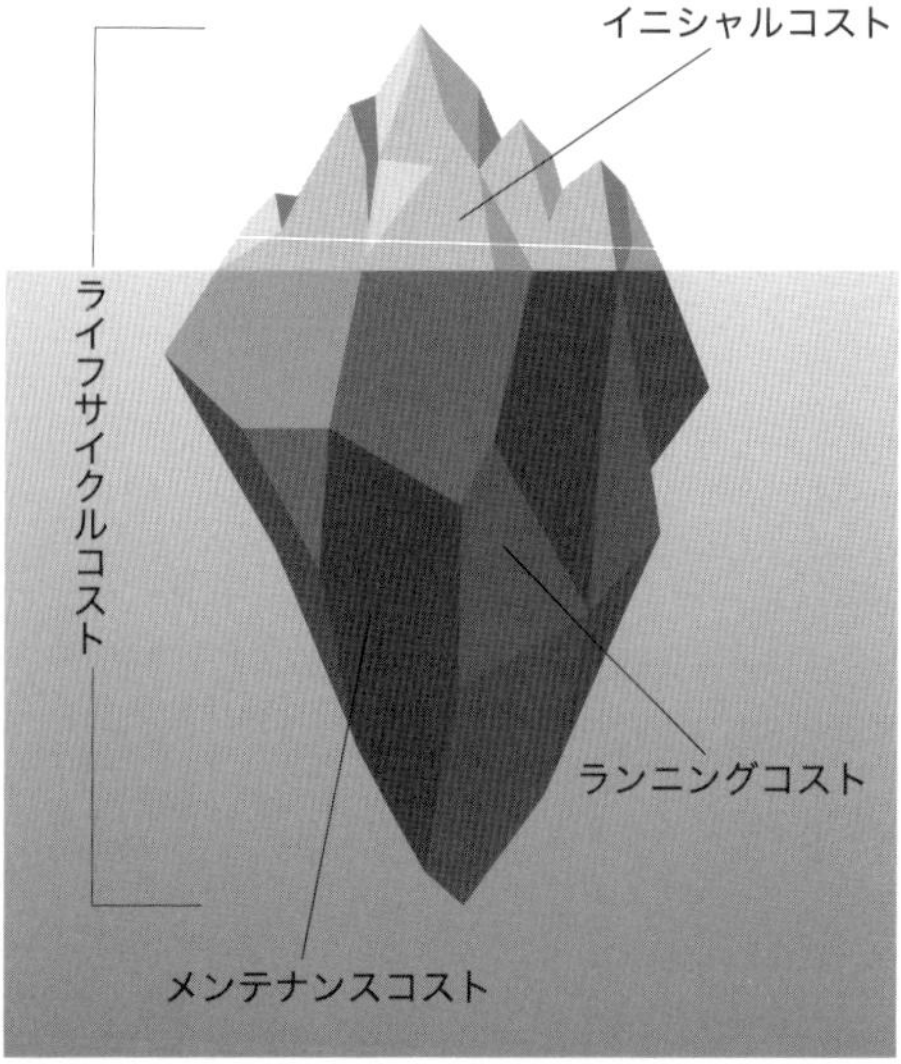

イニシャルコストは、氷山の一角。
光熱費や維持・修繕にかかる生涯コストの約2割とも言われている

5◆2 ライフサイクルコストが下がるこれだけの理由

住宅のメンテナンスコストを下げる技術として、大手住宅メーカーのパンフレットなどでは、外壁の耐久性を高めて劣化や汚れを防いで修繕回数を減らす外装材がよく話題に上ります。

しかし、柱や壁が腐ったり壊れたりせず、地震などの災害に耐え、50年後、100年後にも変わらない姿で立ち続けていることこそ、真のメンテナンス性の高さと呼ぶべきではないでしょうか。

「INOCHI」では、千年以上受け継がれてきた木組みを生かし、これに構造用合板を組み合わせてモノコック構造とする新・伝統工法により、これまでにない高耐久性を実現しています。また、外断熱と内断熱を組み合わせたダブル断熱を採用し、光熱費の削減効果ばかりでなく、内部結露による構造材の腐食や劣化を防ぎ、構造体の耐久性を保持する効果が期待できます。

メンテナンス性の指標として、子どもの独立など家族構成が変わった時に、それに対応して間取りを容易に変えられるフレキシビリティが求められます。「ＩＮＯＣＨＩ」は、伝統工法の木組みそのものが構造材となって広々とした空間を構成しています。壁などで居室が区切られていても、構造上重要ではない間仕切り壁ですから、間取りの変更にも大きな制約がありません。

一般に、ランニングコスト、つまり光熱費がかさむのは、暖房の熱が家の外に逃げたり、冷房時に戸外の熱が家の中に入ってくるためです。「ＩＮＯＣＨＩ」では、ダブル断熱や高断熱サッシなどによって熱の出入りを極力減らして、光熱費を大幅に抑えています。さらに、太陽光パネルと蓄電池の組み合わせによって、大幅な節電効果も生み出しています。こうした優れた省エネ設備によって、一般的な内断熱だけの住宅と比べて、1次エネルギーを大幅にカットすることができるわけです。

また、イニシャルコストについても、宮大工の技術を機械に置き換えて量産することで、本格的な伝統工法の家を圧倒的にリーズナブルな金額で実現し、将来的なライフサイクルコストの低減に貢献すると考えています。

5◆3　30年で家を建て替えるなんてもったいない

日本の住宅の寿命は30年と言われ、多くの人が30年以内に家を建て替えています。家を建ててから30年経過すると、子どもたちが独立して使わない部屋ができたり、親の介護が必要になることもあり、こうしたライフスタイルの変化がきっかけとなって、建て替えを後押ししているのです。

また、中古不動産市場では、建ててからおよそ25年で家屋の価値はほぼゼロになると言われており、まだその時ローンが残っているかもしれません。家を売却しようと思っても、数百万円をかけて家を解体するか、解体費相当の値引きをしなければ売れないといったことも起きています。

日本でも少し前まで、家は大切に住み、代々受け継がれる存在でした。現在、町家（商家）や古民家を商業施設などにリノベーションして活用するビジネスが盛んになっていますが、１００年、２００年を超える建物でも、適切に修繕を加えることで優美な姿を取り戻し、寿命をさらに何十年先まで延ばすことができます。

多くの住宅は、30年で建て替えることを前提につくられているため、当初から１００年、２００年の耐久性は考えられていません。土台や柱、構造壁といった大切な部分がおざなりにつくられ、30年経つと家として使いものになりません。ローン返済とともに家は名実ともに価値がなくなるので、新たなローンを組んで家を建てれば、子どもや孫たちにも大きな負担を強いることになります。

「ＩＮＯＣＨＩ」は千年以上の歴史の中で受け継がれてきた伝統工法と最新技

術を融合させた新・伝統工法によって建てられ、木組み架構は１００年を超える高耐久性を保持しています。１００年の耐久性を持つ家をローンで建てると、30年でローンの返済が完了し、残りの70年は、ローンの支払いとは無縁の生活を続けることができます。リタイアした後にご夫婦で旅行に行ったり、ご自分の趣味に打ち込んだり、充実した毎日を送ることができるでしょう。

１００年の耐久性を持つ住宅を選ぶことで、将来にわたって建物が資産価値を維持し続け、いつまでも安心で快適に過ごせる環境を2代目、3代目へと受け継ぐことができる、まさに財産をつくる家なのです。

5◆4 人も住まいも健康管理が欠かせない

建てられてから千三百年以上経つ世界最古の木造建築、法隆寺五重塔は、数百年ごとに修理を繰り返し高耐久性が維持されてきました。

安全で安心な生活を確保しながら、住まいの資産価値を維持していくためには、木組みの伝統工法や「パーフェクトW断熱」といったハードの仕組みだけではなく、定期的な点検とメンテナンス、適切な修繕を施していくソフトが不可欠です。

人間にも病気の早期発見や健康維持のための人間ドックがあるように、住宅にも家ドックがあるべきだと考え、住まいのすみずみまでチェックする「家ドック」システムを構築し、「家ドック」サービスを専門に展開する会社として日本戸建管理を設立しました。全国の加盟工務店と提携して、住宅に関するお困りごとのご相談を受け、定期点検サービスや修繕サポートを展開しています。

約1時間で、200項目・17部位以上の住宅のあらゆる箇所におよぶオリジナルのチェックリストを作成し、厳選され、管理の行き届いた加盟工務店の技術者が、毎年1回、定期的な点検を実施します。万が一不具合などが発見された場合には、適切なメンテナンスや修繕計画を提案しています。

また、予期せぬトラブルの発生時に、工務店の技術者がお住まいを訪問する緊急かけつけサービスをはじめ、暮らしのお困りごとの解決に役立つ情報提供など、お客様のメリットとなる様々なサービスも行っています。

毎年1回の定期点検後には点検報告書を、修繕の必要があれば修繕計画書も提出します。また、修繕工事やリフォームなどが行われた際には、点検結果とともに修理履歴として写真と工事の詳細がデータベースに保存・蓄積されていきます。住まいの現在の状況は、ウェブ上でも確認することができます。

中古住宅の流通を促進させようと、2002年に住宅性能表示制度が中古住宅にも適用され、きちんと維持管理が行われている住宅の信頼性が評価されるようになってきました。また、2020年4月からは民法が大きく改正され、中古住宅を売る人に従来より大きな責任が課されます。具体例を挙げれば、売却後に雨漏りやシロアリによる床下の腐食などが見つかれば、売主が気付いていなかったとしても、費用は売主が負担しなければなりません。つまり、将来の資産運用とリスクヘッジを考えた場合にも、家の維持管理記録をデータとして残す「家ドック」は、今後不可欠なものとなるでしょう。

毎年１回、200項目、17部位以上の定期点検を
行う「家ドック」サービス

5◆5 住宅会社は住まいの医者であるべきだ

私たちの会社には、お客様と私を結ぶ専用のホットラインがあります。「社長直通110番」は、万が一メンテナンスの対応が不十分であったり、問題の解決が思うように進まない時に、お客様から直接私に電話をかけていただき、お話をお伺いするサービスです。この電話には私と私の秘書しか出ません。

今の時代、電話よりメールのほうが手軽で効率的かもしれませんが、お客様のことを本当に大切にしていることを表すためには、直接お話しするのがいちばんの方法だと信じて開設しました。

私はお客様からのご意見やご相談こそありがたいことだと思っています。お客様のご意見は、私たちへのアドバイス、提言であると考えているからです。社員にはお客様からのご意見に迅速に対応するように言っています。つくる側にはわからない、家と住む人、住む人と住宅会社、さらに家と社会との関係など、様々な問題を知ることができます。

住宅会社は家をつくり売るだけでなく、住宅の医者であるべきだと考えています。もし家に不具合などがあれば速やかに改善し、常に住む人に快適で健康な住環境を提供するように努めなければなりません。

私にとって、サービスとは家の健康を維持して家族の幸せを実現するためのもの、言わばホームドクターのような役割です。お客様からのご意見や問題のご相談こそ、医師が問診の際に患者さんから発せられる声のようなものと捉え、迅速かつ適格な処理によって障害を取り除き、お客様に末永く安心し生活を送っていただけるよう努力を続けていきたいと考えています。

エピローグ

命を守る家づくりで暮らし広がるまちへ

日本人の暮らしの原風景を再生するまちづくりにチャレンジ

創建では、2005年から「ルナ∞ヴィータ」と名付けたまちづくりに取り組んできました。大阪府吹田市で開発を進めてきた「ルナ∞ヴィータ」は、それまで日本になかった3世代共生型のまちづくりを目指し、若い世代向けの戸建て住宅、親世代向けのマンション、そして高齢者が入居する有料老人ホームを隣接させて一つのまちを形成しており、住む人が成長とともに住み替える循環型のまちづくりとして大きな注目を集めました。

世代を超えて家族が一つのまちに永住することで家族の絆が深まり、様々な世代の人が気軽に交流をすることで心豊かな暮らしが生まれる。私たちがこのまちづくりに込めた思いは、日本人が忘れかけていた暮らしの原風景を現代に再生することでした。

一方、地方では人口減少や高齢化によって古くからの地域コミュニティが衰退しつつあります。東日本大震災の被災地域の中には、長期間の避難生活を余儀なくされたり故郷を離れる人が増え、地域社会が崩壊の危機にあると言われる例もあります。「ルナ∞ヴィータ」はそんな問題を解決するコミュニティモデルの先駆例として高い評価を受けました。今後も家だけでなくコミュニティ全体で社会問題の解決に寄与したいと思っています。

神社・仏閣を再建し、地域社会の絆を取り戻したい！

東日本大震災の被災地域では、道路や鉄道などのインフラ整備、農業や漁業などの地場産業の復興、被災された方向けの住宅再建が進みましたが、こうしたハードの整備を進めるだけで、はたして地域社会のつながりを再生することができるのでしょうか。

東北地方沿岸部では、神社や仏閣が大きな被害を受けて、その多くがいまだに再建の目処が立たない状況だと言われています。神社・仏閣は古くから、生活に密着した祭礼が行われ、いつの時代も人が集う場所として存在し続けてきました。

私たちは、２０１６年に北海道の石山神社再建をきっかけに、出雲大社の宮

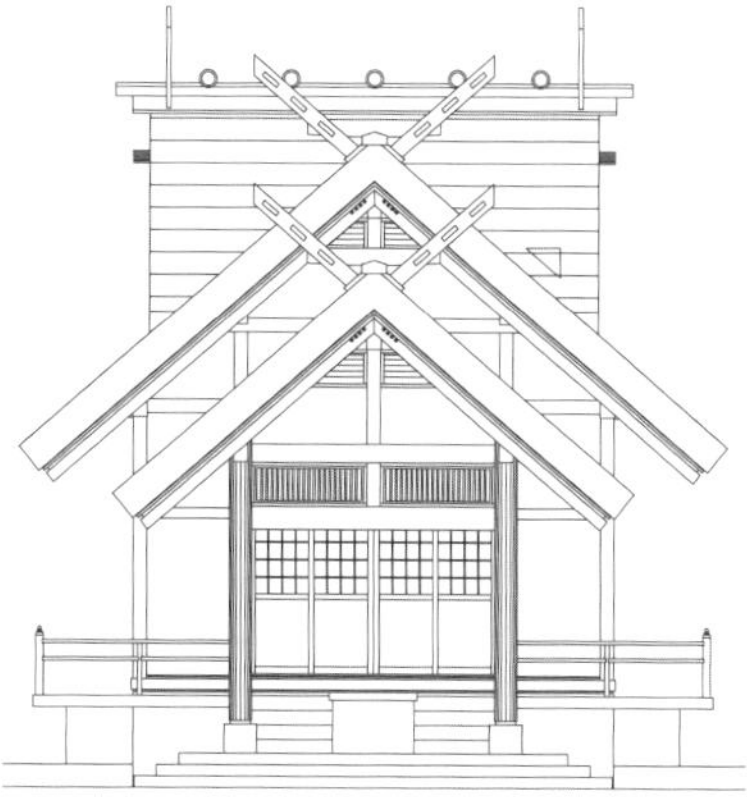

奉納
発寒神社
鎮守
発寒神

司さんたちとお会いし、東日本大震災の被災地の現状を知り、2018年から、震災などで被災された神社・仏閣を毎年1棟ずつ再生するプロジェクトをスタートさせました。神社や仏閣を再建することで、地域住民のつながりを強め、地域社会再生の拠点となると考えたからです。2018年に、熊本大地震で被災された白山姫神社の再建をお手伝いさせていただき、2019年、第2弾として東日本大震災で被災した福島県浪江町の諏訪神社を無償で建築し、寄贈しました。

そして、神社・仏閣再建プロジェクトの第3弾として、津波による大きな被害を受けた宮城県名取町の閖上湊《ゆりあげみなと》神社の再建を進めます。名取町の海沿い、閖上地区にある閖上湊神社は、9メートルの津波ですべての建物が流出しました。2018年には、移設予定地に伊勢神宮より下賜された鳥居が建立され、小さな仮設の社殿も建てられましたが、同神社の本格的な復旧事業は道半ばの状態でした。現在、再建に向けて神社関係者の方々と協議を進めており、2020

年度中に工事を着工し、同年度中の社殿完成を目指しています。

神社・仏閣を防災拠点に

新しい閖上湊神社は、伝統工法による木組みとパネル工法、コンクリート基礎を組み合わせた新・伝統工法で建設される予定です。また、災害による停電や断水に備えて、太陽光パネルと蓄電池、通信システム、空気から飲料水をつくる空気製水機、雷が落ちない最先端の避雷針などをパートナー企業から提供を受けて設置する計画です。災害でライフラインが途絶しても、地域住民のシェルターとして被災者の方々の命をつなぐ大切な役割を担っていくことでしょう。まさに神社やお寺を防災拠点にしようというモデルケースと考えています。

現在、木の城たいせつには、総合病院や介護老人保健施設のお客様から、木の城たいせつの新・伝統工法によって中・大規模の施設をつくりたいとのご相談が寄せられています。こうした施設では、大きな災害に襲われても、機能を継続させて患者さんや入居者の方々の命を守り、普段通りの生活を維持していかなければなりません。その実現に向けて、どのような課題があり、どのように解決していけるか知恵を絞っています。ほかでもない防災拠点こそ「ＩＮＯＣＨＩ」がふさわしいのではないでしょうか。

目指すのは、未来の豊かな社会を実現する家づくり

私たちが木の城たいせつの事業を引き継いだのは12年前のことです。その時す

でに木の城たいせつは、宮大工だけがなし得た木組みの技を現代的な機械加工に置き換える、画期的なシステムを構築していました。さらに伝統工法の弱点とされる石場建てや土壁を捨て、コンクリート基礎やパネル工法に置き換え、伝統工法の持つ耐震性、耐久性を実現した「100年住宅」を圧倒的にリーズナブルな金額で提供していました。

そして2020年、私たちは、木の城たいせつが守り続けてきた、住む人の命を守り、資産価値を維持する家づくりの哲学を継承し、その上で最新のテクノロジーを使いエネルギー消費を抑えて環境負荷低減に貢献する家「INOCHI」をつくりあげました。

「家」というかけがえのない資産を子どもたちへ確かに受け渡していく。それは未来の豊かな社会を実現する一番大切な視点だと考えています。

[著者]
吉村孝文（よしむら・たかふみ）
株式会社創建代表取締役会長。1949年、広島県生まれ。化学メーカー勤務後、建築の道を志し、1986年に株式会社創建ホーム設立、2000年に創建へ社名変更。分譲住宅の設計・施工・販売に携わるなか、宮大工の技を生かした伝説の住宅会社「木の城たいせつ」再建を決断。震災で被災した神社を再建するプロジェクトにも取り組む。

吉村直巳（よしむら・なおみ）
株式会社木の城たいせつ代表取締役社長。1982年、大阪府生まれ。ハワイパシフィック大学を経て、慶應ビジネススクール卒業。創建の広報担当として勤務する一方、石原慎太郎選挙事務所出向など、幅広い業務を経験。父の孝文とともに「木の城たいせつ」再建に取り組み、「千年品質伝統工法の家INOCHI」を開発。コミュニティの構想にも意欲を燃やす。

「千年品質」の家は新・伝統工法で建てる
宮大工の技と最新技術で災害に強い家づくり

2020年3月4日　第1刷発行

著　者——吉村孝文、吉村直巳
発行所——ダイヤモンド社
〒150-8409　東京都渋谷区神宮前6-12-17
http://www.diamond.co.jp/
電話／03·5778·7235（編集）　03·5778·7240（販売）

装丁————梨木崇史
製作進行——ダイヤモンド・グラフィック社
印刷————加藤文明社
製本————川島製本所
編集協力——エディターシップ
編集担当——小出康成

ISBN 978-4-478-11019-5